U0823992

记录时代的精神印记

典藏版

哲学小史

胡适　著
高山　整理

新世界出版社
NEW WORLD PRESS

图书在版编目（CIP）数据

哲学小史 : 典藏版 / 胡适著 ; 高山整理 . -- 北京 : 新世界出版社, 2021.1

ISBN 978-7-5104-7038-7

Ⅰ . ①哲… Ⅱ . ①胡… ②高… Ⅲ . ①西方哲学—哲学史—通俗读物 Ⅳ . ① B5-49

中国版本图书馆 CIP 数据核字 (2020) 第 015430 号

哲学小史（典藏版）

作　　者 : 胡　适
整　　理 : 高　山
责任编辑 : 周　帆
责任校对 : 宣　慧
责任印制 : 王宝根　苏爱玲
出版发行 : 新世界出版社
社　　址 : 北京西城区百万庄大街 24 号（100037）
发 行 部 :（010）6899 5968 （010）6899 8705（传真）
总 编 室 :（010）6899 5424 （010）6832 6679（传真）
http://www.nwp.cn
http://www.nwp.com.cn
版 权 部 : +8610 6899 6306
版权部电子信箱 : nwpcd@sina.com
印　　刷 : 北京亚通印刷有限责任公司
经　　销 : 新华书店
开　　本 : 880mm × 1230mm　1/32
字　　数 : 200 千字　　印　　张 : 9.5
版　　次 : 2021 年 1 月第 1 版　2021 年 1 月第 1 次印刷
书　　号 : ISBN 978-7-5104-7038-7
定　　价 : 52.00 元

前　言
从历史上看哲学是什么

一、本文的简单介绍

这个题目很重要。从人类历史上看哲学是什么，一方面要修正我在《中国哲学史》上卷里所下的定义，一方面要给学哲学的人指出一条大方向，引起大家研究的兴味。

我在今年一二月《晨报副刊》上发表杜威先生哲学改造的论文，今天[①]所讲，大部分是根据杜威先生的学说。他的学说原本是用来解释西洋哲学的，但杜威先生是一个实验主义者，他的学说要能解释中国或印度的哲学思想，才算成立。

杜威先生认为哲学的来源，是人类最初的历史传说、跳舞、诗歌、迷信等幻想材料，经过两个时期发展才成为哲学。

① 指1925年5月17日胡适在北京大学哲学研究会的演讲。

二、哲学发展的两个时期

1. 整齐统一的时期

传说神话变成了历史，跳舞、诗歌变成了艺术，迷信变成了宗教，个人的想象与启示，跟着一定模式走，无意识的习惯与有意识的褒贬，合成一种共同的风尚，造成了种种制度礼节。

2. 冲突调和的时期

人类渐渐进步，经验多了，知识的事实分量增加、范围扩大，幻想的礼俗及迷信传统的学说与实证的人生日用常识起了冲突，因而批评的、调和的哲学发生。例如，希腊智者派的勃兴，就是西洋哲学的起源。智者们怀疑一切，破坏一切，当时一般人都很反感，斥责哲人为诡辩，为似是而非。“智者”一词，如今成了恶名。智者也被贬为“智术师”，专门教授诡辩的技艺。有人觉得智者过于激烈，应将传统的东西保存一部分，如苏格拉底之流，但社会仍嫌他过激，法庭判他死刑。后来经过柏拉图、亚里士多德等人的调和整理，把旧信仰梳理一番，再加上一些逻辑学、心理学等，如卫道护法的工具，于是成了西方的正统哲学。

三、正统哲学的三大特点

归纳起来说，正统哲学有三大特点：

（1）调和新旧思想，替旧思想旧信仰辩护，有点不老实。

（2）产生辩证的方法，形成逻辑的系统，目的在护法卫道。

（3）主张二元世界观：一个是经验世界，一个是超经验的世界。

在现实世界里不能活动的，尽可以在理想世界里玩把戏。现在要拿杜威先生关于正统哲学的解释，来看是否适用于中国。我研究的结果，觉得中国哲学完全适用杜威学说。

目　录

第一篇

希腊哲学

导 言

这部分的希腊哲学，我打算分四个部分来讲。

1. 希腊哲学第一阶段

希腊哲学的开端，是宇宙论时代，分别讲解米利都学派，毕达哥拉斯学派，要求改良宗教的克塞诺芬尼，辩证法之祖赫拉克利特，埃利亚学派，以及提倡“四元素说”的恩培多克勒，主张“种子说”的阿那克萨戈拉。这个阶段的学说都集中在对宇宙本源或宇宙始基的讨论，各派哲学为了证明自己的观点，都从经验事实给出证据。

2. 希腊哲学第二阶段

这个阶段又可以分为三个小阶段。第一是“智术师”，也叫“智者派”“诡辩派”，代表人物是普罗泰格拉和高尔吉亚，他们是我们现在讲的怀疑主义的鼻祖，属于古典怀疑主义；第二是苏格拉底，西方哲学的成熟就是从这个苏格拉底开始，自此希腊哲学不再仰头看天，而是关心人间事务，宇宙论开始转向伦理学、道德哲学，希腊哲学的视野逐渐变窄，早期思想家的那种孜孜穷究天人，遍察宇宙万象的恢弘气象消退了；第三是原子论者，代表人物是德谟克利特。原子论的思想，直到今天仍然吸引着无数思想家为之皓首穷经，莱布尼茨的“单子”，罗素的“逻辑原子”都有德谟克利特原子论的影子。把这种思想延伸一下，就是个体和全体的问题，这也是当代政治哲学一大主题和难题。

3. 希腊哲学第三阶段

这个阶段讲解苏格拉底之后的思想学派，总体来讲，其建树不大，多在苏格拉底的影子下修修补补，没有特别出色的思想家。伊壁鸠鲁学派、斯多葛学派和犬儒学派是这部分的重点，顺带稍微讲一下昔勒尼学派、麦加拉学派这些小苏格拉底学者。至于柏拉图，其作品真假暂且不论，但对话体作品修辞辩论技巧居多，实证的证据实在不多，略去不讲。

4. 希腊哲学第四阶段

这个阶段只讲一下亚里士多德，虽然讲的重点在他的人生哲学，但他比他的老师柏拉图更注重证据和证明，所以才著有《工具论》《范畴解释》。人生哲学，实则伦理学，亚里士多德伦理学的重点在“节制”，节制的要点在“中道”。

第一章
希腊哲学：宇宙论时代

一、米利都学派

1. 思想文化背景

泰勒斯，一般被当作希腊哲学的第一人，他生活在米利都，米利都是小亚细亚西岸上一个小城邦。米利都虽地处亚洲，却是希腊爱奥尼亚民族的殖民地。要知此地为何在西历公元前六七世纪时，竟成为西方哲学的诞生地，且先看泰勒斯的一生事迹。

泰勒斯做过吕底亚国王的侍臣，尝跟国王出征。他虽在政界，却是一个学者，懂得几何学，还懂得天文。据古史所说，他曾于几年之前就预算出西历公元前 585 年 5 月 28 日的日食。

这几件事，很可玩味。泰勒斯是米利都人，却在东方的吕底亚做官。可见当时希腊各族和东方小亚细亚各国经常来往。

他又深通天文几何，可见古代巴比伦和埃及诸国的学术，早就传到希腊人的殖民地。

希腊人古代本有许多关于天地原始的神话。如诗人赫西俄德和荷马所说许多天神，荒诞可笑。如今希腊的神话，遇到东方古国的科学，自然要发生冲突。希腊和犹太神话的宇宙论不能使当时的学者满意。于是米利都的学者重新提出宇宙原始的疑问。他们问："天地万物的本源究竟是什么？"他们追问的实际就是：促成宇宙诞生的本源是什么，组成宇宙最根本的东西是什么。

2. 针对宇宙本源的不同回答

（1）泰勒斯——本源是水

泰勒斯自己研究的结果是"天地万物皆出于水。水是万物的本源"。只可惜他没有著作传下来，我们不能知道他的学说是如何论证，因而也就无法检验一下他的论证是否正确。据亚里士多德所说，泰勒斯又说地是扁平的，像一片板浮在水上。又说，万物都是神灵，都有灵性。依此看来，泰勒斯的议论还夹在科学与神话之间。但是他是神话与哲学过渡时代的大功臣。他这一滴"水"，后来竟推演出长江大河般的西方哲学。

（2）阿那克西曼德——本源是"无定形"

阿那克西曼德，这一位哲学家是泰勒斯的弟子，大概是同乡。他也是一位科学家，喜欢研究天文地理。据说他是古代第一个画地图天文图的人。他曾写了一部书叫作《天论》，是用散文作的。希腊无韵的哲学书，这是最早的一部了。

阿那克西曼德不从师说，独创一说，以为水不能作为万物的本源。因为我们还要问，水的本源又是什么呢？所以他说，万物的本源是一种"无定形"。万物都从这"无定形"里面产生出来，又都回到这"无定形"里去。这个"无定形"流动不息。它流动的时候，各种物质便渐渐分离出来，成为可感可见的种种世界。

他又说地不是扁平的，而是像一个圆筒。这个圆筒，悬在虚空之中，四周都是气。气的外围是一道一道的火圈子，围绕着大地。地上的人类有时从气的破缝处看见这些火圈的一部分，便以为它们是一颗颗的星球。其实日月星辰都只是绕地运行的火圈子。

他还有一种很有趣味的生物学说。他以为各种生物都必须寻求种种适合生存的不同环境，接着就渐渐演变成各种不同的物种。又说人是从别种动物变出来的。这些话竟像近世生物学家的话了，看来生物演化的观念很早就萌芽了。

（3）阿那克西美尼——本源是气

阿那克西美尼，这位哲学家是阿那克西曼德的弟子。他的先生说万物的本质是"无穷"。他也说"无穷"固是不错，但是这个本质却是有定体的无穷。所以他说万物的本质是气。他用生人作比喻，说人得气始生，万物得气始成。

他说气变成万物，全靠两种作用。一种是凝结，一种是发散。气凝结了，便成为风、云、水、土、石之类。气发散了，便变成火。万物都从这几样变化出来。万物凝结，按着火—气—风—云—水—土—石的顺序；万物发散，按着石—土—水—云—风—气—火的顺序。

（4）米利都学派诞生于经验观察

公元前六世纪时，米利都学派最盛，学术也最发达。后来到了公元前 494 年，此城被波斯的兵毁了，这一派的哲学也就消亡了。这派哲学的观点，看似简略，实则都来自切身的生活经验，没有凭空玄想，没有捏造概念，只凭对自然现象的深刻观察，直陈观点，创立学派。西人注重经验、注意观察的学风自古而然。

二、毕达哥拉斯

1. 略传

毕达哥拉斯生于米利都邻近的萨摩斯岛上。生年大约在公元前 580 与前 572 年之间。那时正值暴君波利克拉底当政。毕达哥拉斯属于当时的贵族党，反对暴君，遂不能安居本土，于是迁居南意大利的克罗托内。迁居之后，他在那里创立一种兼有宗教和学术性质的团体。团体中的会员，互相敬爱，互相规诫，都如弟兄一般。会中的戒约，重在修养道德，研究学术。

这种团体，当时很招人疑忌，所以常有扰乱的事，后来毕达哥拉斯不能久居，只得逃至别处，后来死在避难之地。死时大约在公元前 500 年。

他的故乡和米利都十分接近，自然受到那一派学说的影响。如他的宇宙论中“无限者”一词，就是一证。又如他的团体中有人说这“无限者”就是“气”，又像是受到阿那克西美尼的影响。又如他学派中的几何学，也都像是米利都一派的宗传。

但是毕达哥拉斯的学派，不止科学一方面，还有那神秘宗教的一方面。那时，希腊各地有一种通行的宗教，名叫奥尔菲教派，大意是说，人类与天神同出一源，若人能经过一种“洗濯”，便可赎罪返本，仍回到天神地位。这种“洗濯”，大有神秘的意味，大概和中国古代的“斋戒”有些相似。这种宗教在当时虽然只流行于一般的平民社会，但其影响却深入上流社会。如毕达哥拉斯一派中，也极注重这种“洗濯”，或者也和当时的宗教有点关系。据当时人说，毕达哥拉斯一派的学者“用药物来洗身，用音乐来洗心”。大概他的学会中也有医学，也有音乐，两项都含有神秘的宗教作用。

当时的奥尔菲宗教有一种“轮回”之说，以为人的灵魂，有时被关在植物体内，有时被关在禽兽体内，直到后来，得到人身，才有洗濯并超脱的机会。毕达哥拉斯的宗教也有一种轮回之说。当时，克塞诺芬尼取笑他说，毕达哥拉斯有一天听见狗叫，忽然认出是他一位过世老友的声音！可见，毕达哥拉斯的学说里有轮回再生之说。

2. 人生哲学

毕达哥拉斯说人有三种生活：第一是理论的；第二是实践的；第三是放浪形骸的。

人世譬如一个大会场。有些人是赶来做买卖的；有些人是来会场献技的；有些人是来看会的。那些来看会的资质最高，那些来做买卖的资质最下。

人生可依此分三等：最上等的是"爱智"的人；其次，是爱荣誉的人；最下等的是贪得图利的人。"爱智"即是希腊文"哲学"两字的本义。这种学说以为人生在世，最好是袖手旁观，这就含有一种出世主义的思想。

3. 宇宙论

毕达哥拉斯一派的学者，有几个天文学家。只可惜这一派的书，处处都是"夫子曰"，不知道哪些学说是毕达哥拉斯自己的话，哪些是他的后辈的话。他自己的学说，大概还不能和米利都学派完全脱离关系。据亚里士多德说，他的宇宙论认为，大地吸取四周的"气"，这气是"无穷无际"的。这正和阿那克西美尼的话相似。但是他却不信地是扁平的。他认为大地是圆的。世界的中心，并不是地球，而是一团大火。日、月、地和各种行星都绕着这团大火旋转。这种思想，看似荒诞，却与后来以太阳为中心的宇宙论有些接近。不把地球视为宇宙的中心，却想出一团大火作为宇宙中心，这已是一大进步。

只是这“无限者”之中何以生出万物呢？毕达哥拉斯说本源就是“无限者”，而形生于“有限者”。这话极重要。米利都学派所研究的问题，是万物的根本组成质料。如今毕达哥拉斯所注意的是万物的“形式”。正如《诗经》中说的“有物有则”，质料是物，形式是则。这两个问题是希腊哲学史的中心问题。如今我们且看毕达哥拉斯怎样说这“无限者”变为“有限者”的道理。

4. 论数

毕达哥拉斯的重要学说是“万物只是数”。这话是说，万物的生成，全由种种数理的关系决定。毕达哥拉斯研究数学最深，他觉得天地间种种事物的生成变化，总逃不出一种数学的比例关系。例如，琴弦的长短可定琴音的高低，音乐的“协调”只是一种数字的比例分配而已。

他又找出数目的种种奇妙的关系出来。例如下列三图：第一图是最初的四位整数，1+2+3+4=10。这四个数合起来，便成三角形；排下去自成级数。第二图是奇数的级数，合起来便成正方形。第三图是偶数的级数，合起来便成长方形。这其间奇偶交互的道理，在当时令人很觉神

图一

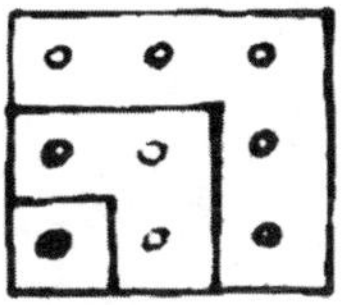

图二

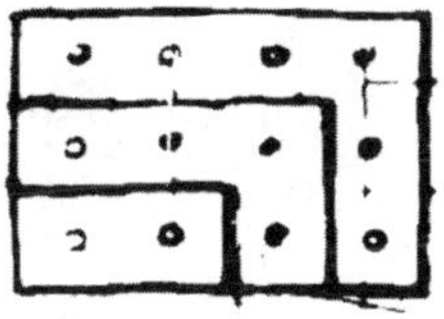

图三

妙不可思议。

毕达哥拉斯这一班人因此极推崇数理，以为万物的一切状态，只是一个数目的关系。所以说“万物只是数”。

数有奇有偶。毕达哥拉斯一派人，把这个奇偶交互的道理推到世间一切现象上去。他们学派里有一个表，举出十种相反相成的概念：①有限与无限；②奇与偶；③一与多；④左与右；⑤男与女；⑥静与动；⑦直与曲；⑧阴与阳；⑨善与恶；⑩矩形与长方形[①]。一切世事都可包在这始终相反相成的概念之内。

我们初听这种议论，定然骇笑。其实我们若能回想中国古代的《易经》和汉代的《太玄》，想想当时的人如何崇拜数理关系在天地间的作用，就不觉得稀奇了。问题的关键在于，毕达哥拉斯不再像米利都学派那样完全依凭经验观察，而是求助于能够直接验证的“数”，如果说毕达哥拉斯也知道实验验证，

① 此处疑似有误，长方形应改为圆形。

那他的工具就是“数”。用“数”以及数目关系来衡量世界，一切都变得更加清晰明了。

三、克塞诺芬尼与赫拉克利特

1. 克塞诺芬尼

（1）生平

克塞诺芬尼，这位哲学家出生在米利都北方的克洛丰。有的人说他曾做过阿那克西曼德的弟子。这话虽不可考，但他的本土和米利都及萨摩斯都很接近，大概同时受到这两处学派的影响。他和毕达哥拉斯一样，从小亚细亚迁居意大利南方。古书传说，他曾住埃利亚，遂成为埃利亚学派的始祖。如今我们只能确定，他曾住意大利的南部，是否曾住埃利亚却不可知。

克塞诺芬尼是一个诗人，如今他的残章断句还有保存。从这些诗歌看来，他是一个“有心人”，不满于当时的社会，更不满于当时的宗教。希腊古代诗人，如荷马、赫西俄德，所说的天神都和人类一样，都有种种不堪的行为，欺盗奸淫，无所不为。

克塞诺芬尼以为，这都是由于人把神看作自己的同类，把人间的种种罪恶怪状，都移到天上去了。例如，埃塞俄比亚人是黑皮肤塌鼻子的，他们的神像也是黑皮肤塌鼻子的。又如，色雷斯人是红头发蓝眼珠的，他们的神像也是红头发蓝眼珠的。可惜那些牛马畜生不会造神像。要是它们也会拜神，牛的神一定是牛形的，马的神一定是马形的了！

克塞诺芬尼是一个社会改良家。他以为要改良社会，必须先改良人类心中的天神观念。

（2）泛神论者

他说只有一个上帝，无所不在，无所不知，无所不能。上帝是独一的，永远存在，没有始终。上帝又是静而不动的，他只是寂静无为，自能驾驭一切。

他这种理想，却并不是“一神主义”，只是“泛神主义”。他说上帝就是宇宙，宇宙就是上帝。所以我们只可说他是泛神派的哲学家，不能说他是一神派的宗教家。

2. 赫拉克利特

（1）生平简介

赫拉克利特家在艾菲索斯（今属于土耳其），在米利都之北、克洛丰之南。他是贵族的儿子，生平最反对平民政治。他对同时代的哲学家，如毕达哥拉斯和克塞诺芬尼，都很不满意。他自己所作的一部《大宇宙论》，只有残章断句流传至今。

（2）逻各斯

赫拉克利特很藐视同时代的哲学家，说他们学问虽博，却没有思想。他说“知识”并不是这一物那一事的知识。要能知“道”，明了“逻各斯”，才是真知识。他又说，这“道”永远存在，只是没人懂得。如今且问这“道”是何物。

（3）本源是火——万物常变

赫拉克利特的“道”只是那时刻运行、时刻变化的天道。他观察世界，认定万物无一是不动不变的。所以他说：“伸足下水，只可一次；再伸足时，水已换了。”世界一切事物都是如此。所以赫拉克利特觉得前人的“水”和“气”都不能够形容万物的本质。他说万物的本源是火，万物的状态是“变”。

但是万物的变迁并不是乱七八糟的变迁，而是有一定的准则。他说火变成水，水变成土，土又成水，水又成火，都有一种“自然的平衡”。譬如买卖的人把金换货，把货换金，两无亏折。天道变化也是如此，火变成万物，万物复变成火，也无亏损。所以他说：“万物之理，不关神力，不关人力，往古来今，只是一种永远存在的火，自然而燃，自然而熄。”这就是道，就是逻各斯。

在这个自然变化之中，一切绝对相反的事物，都同归一变。没有一物可以永远保存自己本来的形质。才是这个，已非这个；才说是我，已成非我；才是冬，已是夏；才是日，已是夜；才是生，已是死；才是孩子，已是老头子。所以说“上去和下去只是一样”；“生与死，睡与醒，少年与老人，也是一样”，万物如此，是非也是如此。人间的是非和善恶，在“逻各斯”看来，并无是非善恶可说。所以人生在世，对一切都要达观泰然，明了一切成毁得失，皆是天道自然。

（4）斗争催生万物

赫拉克利特有一句格言道：“斗争是万物之父，是万物之王。”也只是上文所说的道理。他把天道看得太重了，所以有一种宿命主义，似乎不劝人努力竞争。他这句话只是说，万物变化无常，一切彼此是非，名为相反，其实相生相成，譬如琴弦有高有下，始可和谐。譬如弓弦，一张一弛，始能射箭。这种一高一下，一张一弛，就是“斗争”“冲突”或“张力”。

赫拉克利特的人生哲学，有一种厌世的悲观主义情绪。他说世人恶的多，善的少。人生在世，有如黑夜点灯，天明了便吹灭。又说人生如同小孩子下棋，有何趣味？这种悲观主义，和他的天道观念有关系。他觉得万物变化无穷无极，人生寿命比这无穷的变化，自然算不得什么。倒不如安命顺理，听任自然。

四、埃利亚学派

1. 埃利亚学派简介

埃利亚是意大利南面的一个小城邦，却出了几个大哲学家。第一个是巴门尼德；第二个是芝诺；第三个是麦里梭。这一派的学说，一方面针对毕达哥拉斯一派进行批评；一方面是针对赫拉克利特的学说进行批评。

2. 巴门尼德

（1）生平

巴门尼德生于埃利亚的一个家族。他少年时便著了一首长诗，名为《论自然》。据柏拉图说，他在 15 岁时来游雅典，那时苏格拉底还正当少年。苏格拉底生于公元前 469 年，他们相见时，大概在公元前五世纪的中叶，公元前 445 年左右。因此，我们可断定巴门尼德的生死年岁为公元前 510 至前 430 年。他曾做过毕达哥拉斯一派的门人，又和赫拉克利特同时代。他的学说大概都和这两派很有关系。

（2）有与无，存在与非存在

巴门尼德所最注意的问题是“有”的问题。这“有”就是我们平时说“万有”的有。这“有”字有两层意义：一是“存在”之意；一是“充实”之意。巴门尼德的“有”，古人往往把它解得太玄妙了。其实这“有”就是“宇宙”，就是“万有”的总名。他是一个诗人，所以措辞隐晦，易致误会。如今看他形容这“有”的话，就自然明白了。

他说“有”是没有开端的。何以见得呢？若“有”有开端，必始于“有”或始于“无”。“无”是不可设想的，所以没有“无”。“无”既然不存在了，有就不能始于“无”。有之外不再有另外一个“有”，所以也不能始于“有”。既不能始于无，又不能始于有，所以“有”就是没有开端的。

“有”又是不动的。何以见得呢？因为“动”就必须有“无”，有虚空才有移动之所。但“无”是不可设想的，故无“无”。既无“无”，所以就不能移动。

这一段的议论，并不难懂。上文说过，“有”有两种意思，一是存在，一是充实。“充实”即是“占据位置”。那时的学者知道“气”的存在，以为平常人所说“空”，其实都被气充满了，并不是“真空”。因此巴门尼德说“无”是不可设想的。“无”就是真正虚空的空间。既然不承认宇宙之外有虚空，也就不能承认宇宙是运动的。

（3）“有”是永久存在，不生不灭，不变化的

“有”既无始，就不能“从”什么东西变出来。“有”若有变，即成“非有”。既是“有”，就不能是“非有”。所以，“有”不能变化生灭。

“有”是连贯不断，不可分析的。何以见得呢？因为若“有”可分断，此段与彼段之间，必是“无”隔开了的。今既没有“无”，“有”就不可分析。

“有”又是一个完全无缺的圆体。大概巴门尼德以为，只有完全无缺的圆体可以形容得出无始无终，不动不变，不可分析的“有”，所以才这么说。但是这句话又可证明他所说的“有”，并不是什么神秘的事物，只是这个“宇宙”，大概那时的学者渐渐知道地是圆的；却又因为科学的证据不够，故只泛

泛地说宇宙是圆体。

巴门尼德认定宇宙为一体，无始无终，不可分析。但他还有更重要的一方面，就是他的方法。他的方法是“凡是可以设想的，都能存在；凡是不可以设想的，都不存在”。这里把“可以设想”作为存在与否的标准。这里面已含有“逻辑”的种子。至于他说，“有”不能又为“非有”，这是伦理学所说的“同一律”。

3. 芝诺

（1）运动与静止，一与多的争论

赫拉克利特说，万物变动不息，变化无常；巴门尼德说，宇宙是不动的；毕达哥拉斯说，万物只是“数”；巴门尼德说，万物只是一体。这种争论，到了芝诺更详细了。芝诺是巴门尼德的弟子，比他小二十五岁。大概那时的毕达哥拉斯以为数学的道理可以应用到形体上去；积点成线，正如积一成万；线上的点，不过是一种占据位置的“一”。因此，他们说万物都只是数。芝诺，不承认一切“存在”都是由无限小点组成。所以，他有几条否定多的辩论。

（2）芝诺悖论

无限可分悖论

他说，我们可中分一线，剩下的一半，再拿来中分；中分了又中分……可至无穷。若线是积点做成的，线上必有无穷

点，若点有大小，则线长一定是无穷的。若点无大小，则线就是无限小。可见积点成线，乃是不能设想的。

他又说，若点有大小，则加一点可使线长，减一点可使线短。但若点无大小，则加减都没有变动。加减都没有变动，那还算得什么呢?

芝诺悖论不过想说，“数”是“一”合成的，有形体的万有可不是“一”合成的。所以，数学的道理不能应用到有面积、有大小的形体上。所以“万物都只是数”不能成立。

否定运动的四条悖论

芝诺还有四条否定运动的悖论。“运动”必须要有时间，所以，他就从时间方面立论。正如积点不能成线，积累许多“时刻分秒”也不能成为时间。

①移动悖论。

若物由甲点运动至乙点，必须先经过两点间距离的一半。若要经过这一半，又必须先经过这一半的一半。如此分半，可至无穷。这一条的意思，和上文说的第一段颇相同。物从甲点动到乙点，必须经过无数的点。所以，它永远也不能达到终点。

②阿基里斯追不上乌龟。

阿基里斯是古代最会跑的人。乌龟是最不会跑的。但若让乌龟先走一段路，阿基里斯就赶不上乌龟了。假设B是开跑的地点，龟先跑了十丈，到A点，阿基里斯才开跑。他跑到A点时，龟又走了一丈，到了C点了。他到C点时，龟又先跑了一尺了。他跑了这一尺，龟又先跑了一寸了。他跑了这一寸，龟又先跑了一分了……

如此可见每过一点时，总是龟在前；不管阿基里斯跑得多么快，总赶不上乌龟每走一小步的时间差；乌龟不管跑得多慢，总比阿基里斯早一点时间。阿基里斯永远追不上乌龟，我们虽然看见阿基里斯先到目的地，以为他先跑到，其实他早落后了，就落后在乌龟先跑的那段时间。

③飞矢不动。

飞矢行时，并不曾动。这和《庄子·天下篇》所说“镞矢之疾，而有不行不止之时”是一个意思。飞矢飞过的距离可以分成无限个点。这些点是静止的，飞矢经过其中每一个点，无数静止的点加起来，还是静止的，所以，飞矢也是静止的。

④运动是相对的。

今有三线，A线不动，B线与C线相向进行，则B线经过C线上的点，比它经过A线上的点，要多一倍。譬如三辆车子：一辆向东行，一辆向西行，一辆停着不动。这三辆车子里的人，觉得那两辆行车的运动，有种种不同。东行车中人觉得西行的车动得更快。西行车的人也觉得东行的车更快。而那辆静止的车中的人觉得这两辆行车的速率，就不如那两辆车中的人觉得的那么快。这条是说“运动”的参照，全是比较而言的；参照物不同，运动速度也不同。可见运动并非真有，不过是一种主观的现象。

4. 麦里梭

麦里梭的一生事迹都不可考。我们只知道他是萨摩斯岛的人，在公元前 441 年曾做海军的统领，经历一场海战。他的学说大概和巴门尼德相同，不过他不用韵文，说得更清楚些。

巴门尼德曾说过宇宙是有定形的圆体。麦里梭说宇宙不能有定形。若有定形，则宇宙之外必有“无”为界限。今既没有“无”，那就没有界限。既没有界限，宇宙就是无穷无极，没有定形的了。

五、恩培多克勒与阿那克萨戈拉

1. 从一元论到多元论

从泰勒斯到这些埃利亚学者，希腊哲学都只是“一元的”。泰勒斯的水，阿那克西曼德的“无定形”，阿那克西美尼的气，赫拉克利特的火，都是一元的宇宙，都把万有看作一元。到了巴门尼德一派，就是一元论的极端了。到了极端，自然走向反面。对一元派反馈的就是多元的宇宙论。本节的两位哲学家，就是多元哲学的先锋。

还有一层，巴门尼德不认有“动”与“变”。这种议论显然与人生常识相反。于是有些学者便去研究变动的原因。本篇所说的两人都是研究这个问题的。

2. 恩培多克勒

(1)生平

恩培多克勒生于西西里岛上的阿克拉加斯城。他是一个演说家、政治家、宗教家、医生、诗人、哲学家。他在他本国曾做过政治领袖，后来失败了，亡命在外，客死他乡。古代相传说他自己跳进埃特纳火山口中死了，恐怕不是很可靠。他的书只有两篇长诗的残篇还在。这两篇诗，一名《洗濯》，是宗教书；一名《论宇宙》，是哲学书。

(2)四根说

恩培多克勒说“有”是不生不灭的，但“不生不灭”和“不变动”不同。万物是有变动的，这种种变化都由四种“根”变出来。这四种“根”是：火、气、土、水。万物变来变去，只是这四种“根”。这四根是不生不灭的。四根互相连合，便成万物。四根解散，物便毁坏了。

他说万物都由水、火、土、气四根组成，正如画师把四种颜料随意和合，可画出千百种颜色。这话很像一位“诗人哲学家”的口气!

(3)“爱”和“恨”

但是，这些根何以会连合、解散呢？他说，这是由于世间除了四根之外，还有两种东西：一种是“爱”，一种是“恨”。爱是组成万物的原因，恨是毁坏万物的原因。当宇宙初起时，四根组成一个圆体，爱在里面，恨在圆外。那时恨向圆内冲进，渐渐把爱赶出去，于是那水、火、土、气四根便各自分开了。后来爱又渐渐回来，使那四根互相接合，组成种种物体。

（4）爱恨说用到生理学上

恩培多克勒是一个医生，很注重生理的研究。他发现人身的呼吸全靠心脏的胀缩，又发现人身血脉流行都从心脏出入。他的宇宙论似乎有点受了他的生理学的影响，所以，他把爱恨两种力，说得就同人身的气和血一般，呼吸出进，循环不绝。

他的生理学也很有趣味。上文已说过他的两大发明了。他因为把心脏看得太重了，所以说心是管思想的。他又说五官各有一种孔窍。一切感觉都由物体产生一种细点子，射入这些孔窍内。这些细点子，性质不同，有些可听的，便射入耳内；有些可见的，便射入眼里。

3. 阿那克萨戈拉

（1）生平

阿那克萨戈拉出生在亚洲的克拉左美奈。后来到雅典居住，和大政治家伯利克里是好朋友。苏格拉底说伯利克里的演说功夫全是从阿那克萨戈拉学来的。后来有许多反对伯利克里的人，攻击阿那克萨戈拉，说他不信神，不容许他在雅典居住。他只得逃到兰普萨库斯，创立一个学校，后来就死在那里。

（2）种子说

阿那克萨戈拉也说“有”虽是不生不灭，却是有变化的。变化只有两种：一种是合，一种是分。这和恩培多克勒一样。但他却不以恩培多克勒的四根论为然。他说水、火、土、气，并非单独的原子，都是由“种子”合成的，所以不可说万物都是由这四根变成的。

阿那克萨戈拉说，万物都起源于“种子”。但是“种子”的形状性质却各不一样。这些“种子”种类无穷，形状各别，无始无终，不生不灭。

他说，人吃面包，喝水，可以增长皮肉、骨血。如此看来，人的饮食之中，一定含有皮肉骨血的元素。不然，不是毛发的东西如何会生出毛发来呢？不是肌肉的东西，如何会生出肌肉来呢？

宇宙起源时，一切“种子”都混在一块，充塞宇宙。但这一大块可分为无限个小块。每个之中都含有另一个的一部分。万物的形状不同，性质不同，都只为万物所含的“部分”多寡不等。含哪一种最多的，便成了哪一种事物。例如，雪中有白也有黑，只因白的多了，故只说雪是白的。

大概恩培多克勒所说的“种子”内中含有种种物性，如刚柔、燥湿、冷热之类无一不有，但多寡不同罢了。

（3）心灵统合种子

这些种子又何以能离合聚散，变成万物呢？他说，这都由于一种“心灵”的作用。正如人身有“心灵”，才有知觉，才有运动，世间有了这“心灵”才有运动，才有分合变化。这种“心灵”也只是一种事物，不过这是一种最精最纯的事物。“心灵”最精最纯，所以能运动别种事物。运动初起，在于一点，旋转的运动。后来渐渐推广，使一切“种子”渐渐分散。那些浊的、温的、冷的、暗的，都转到下面；那些清的、干的、热的、光明的，都转到上面。后来有了各种星体，那日光渐渐地把这潮湿的地晒干。空中的许多“种子”被雨打下来，种在泥土内，便产生种种有机体。

4. 原子论的兴起

古代的一元论，变成恩培多克勒的“四根”论，再变成阿那克萨戈拉的“种子”论，更进一步成了“原子”论了。原子论的始祖是留基伯，大概和恩培多克勒差不多年代，不过他的事迹和著述，我们几乎一无所知。只知道他曾提倡过分子说。后来他的弟子德谟克利特把这种学说，说得更为详细。我们且待下篇讲到他的学说时，再细说分子论的性质。如今不过略表一句，指出学说渊源的线索罢了。

第二章
希腊哲学：伦理学时代

“智术师”

一、经济文化中心雅典

西历公元前五世纪，乃是希腊文化的极盛时代，那时希腊各邦联合，屡次战胜了西侵的波斯军。各邦之中，雅典更为强盛，遂成希腊政治文明的盟主。那个世纪之中，雅典也不知出了多少人才，汇集了多少人物，政治家伯利克里，很像中国古代的信陵君、平原君，极力提倡文学、美术、哲学。那时美术方面，有艾希达斯的雕像；文学方面，有埃斯库罗斯、索福克勒斯、欧里庇得斯一班人的戏剧，都是千古不朽的名作；历史方面，有希罗多德和修昔底德的名著；医学方面，有希波克拉底，开医学的一门。雅典城里有了这些人物，那时代的文化也可想见了。

雅典那时不但是一个政治中心，又是一个商业中心。雅典的海军商舶，称雄于海上。交通既繁商业既盛，遂产生许多生计界的变迁。生活水平高了，人民的文化思想也更为发达。加以当时民主的制度，除了奴隶之外，雅典的公民，人人都有参政的权利。所以当时的人所最关切的，是人生的行为和政治社会的组织。因此，希腊的思想遂由“宇宙论”变为“伦理学”的时代。

二、“智术师”应时而生

这个时代有一班人物，应时势而生，因社会的需要，鼓吹种种激烈的学说，教授应用知识技艺，如辩论演说之类。这些人大概没有一定的住所，往来各国，到处讲学授徒。这些人当时称为智者，本义为“智士”、为“哲人”，后来苏格拉底、柏拉图一派人物，对这些“智者”诋毁得不遗余力，因此“智者”一个名词，竟成了贬义词，竟成了“诡辩派”的意义！这些“哲人”受了两千年的冤枉，直到十九世纪，才有黑格尔、格罗特、赫尔曼等人替他们正名昭雪。所以说如今不用“诡辩派”的名称，而用“智术师”的名称。

三、“智术师”的修辞术

这些“智术师”的学说，往往有很成熟的。当时是思想发展的时代，故思想是最易进行破坏的方面。其实思想和社会政治相同，都有破坏的需要，若不破除旧有的成见，绝没有新思想可发生，所以我常把这些“贤人”来比中国古代的老子、邓析、少正卯一派人。中国若没有老子、邓析那班人，未必有孔子、孟子一班人。希腊若没有那班“智术师”，也未必有苏格拉底、柏拉图一班人。有了老子、邓析的破坏，才有孔子的建设。有了那班“智术师”的破坏，才有苏格拉底的建设。

普罗泰格拉

一、普罗泰格拉的遗作

那些“智术师”中，普罗泰格拉的名声最大、势力最广、学说最重要，故我用他来代表这“智术师”的时代。其余的小“智术师”的学说，合为一章，附在后面。

普罗泰格拉的书，久已遗失，本章所根据，全靠柏拉图的几部“对话”。今举其名如下：

A. 普罗泰格拉

B. 美诺

C. 泰阿泰德

D. 斐德罗

E. 克拉底鲁

F. 欧西德姆

二、生平

普罗泰格拉是北方阿布德拉人。苏格拉底少年时，普罗泰格拉已死。苏格拉底生于公元前 470 年左右，故知普罗泰格拉大概生于公元前 500 年左右。他曾两次到雅典。他遍游各国，讲学授徒，做了四十年的教师，死时近七十岁，大约在公元前 430 年。

普罗泰格拉是一个大教育家。他极力反对希腊旧式的学堂教育，他以为旧法单教算术、天文、几何、音乐，实在不合用。所以他教人注意准确地使用语词、修辞学，还教人怎样齐家，怎样治国，怎样演说辩论。

他对一个少年说，你今天做了我的学生，今晚回家就胜过你刚来的时候。以后天天都有这样的进步。他教人是要收学费的，他教得有成效，学费虽重，来学的人更多。据人说，他收的学费比雕刻家菲迪亚斯加十个别的雕刻家所得的刻资还要多呢！

三、论知识

普罗泰格拉的知识论有三种说法。

第一，我们看见的事物是怎样，就是怎样。

第二，我们看见的事物以为是这样就是这样，你看见的以为是那样就是那样。

第三，人是万物的尺度。有就是有，无就是无，事物有无都以人为尺度。

据柏拉图的《泰阿泰德篇》，这种学说的根据，在于赫拉克利特的“万物变迁无常”说。普罗泰格拉以为万物起于“动”。动时万物有施有受，两者冲突，产生无数感觉和感觉的对象。

试举“见”为例。目与物遇，产生白色与白的感觉。为什么呢？看得见白色，是就眼来说；白，是就物来说，两者结合，乃生白色。此时，谈到目所见之物，也就是谈到见物之目。此中原理，一施一受，相反相成，缺一不可，无施便无受，无受亦无施。可见万物时刻成毁，时刻变易，无有常我，此无常我，怎么能说“这个”“那个”；怎么能说“此物”或

"属于此物"。

1. 人是万物的尺度

世人也时刻变易成坏，健康的我与病痛的我不同。故健康时觉得甜的，病中或觉得苦了。所以，"苦"与"甜"，只是相对特定时间地点的我而言，并非绝对的。"有"与"无"也是如此。我说此物存在，此物只是对我而存在；此物变，也只是对我而变，不管存在还是变化，都只是对我而言。如果与我脱离，就没有存在可言，也没有变化可言，所以说"物之有无，唯我知之"。这就是"人为万物的尺度"的学说。

2. 知识没有真假，只有优劣

这种学说，近于唯识一派。普罗泰格拉以为知识没有真假，只有好与不好。如我无病时以糖为甜，病中以糖为苦，无人可说甜是真的、苦是假的，但旁观的人可以说无病时的知识比有病时的知识好一点。

一切教育，只是要人去掉不好的知识。要人有好的知识，正如医生能用药使病体变健体，哲人能用教育使差的知觉变为好的知觉。平常人说的"真"，并不是"真"，只是"优"一些，"好"一些。

3. 知识真假取决于实际效力

这种学说并非怀疑主义，并不是说知识没有客观尺度，他只是说客观的尺度，不如主观尺度更能获得普遍效力。我们的知识只是以主观的区别为标准，因此，我们不可不注意教育人的心理官能。心理官能不明，感觉自然就不好。

普罗泰格拉既然认为不好的感觉可以变为好的感觉，可见他并不是不承认知识有客观尺度。他说知识没有真假，只有好不好。这话很有道理，好不好是从知识的作用上着眼，注重知识产生的效果。譬如醉人走进猪栏以为是他的卧室。在他的心里，猪栏“真”是他的卧室，所以他真睡下。我们不能说他不真，只可说他这种知识易于误事，所以是“不好”的知识。

四、论教育

人既是万物的尺度，这个尺度不可不正确；若不正确，便不能量度万物了。因此普罗泰格拉非常注重教育，上文已说过他承认不好的知识可以变好。他说教育的目的在于造就“良好公民”，在于使人分别优劣善恶。他说人的道德不是生成的，是由知识得来的，是可以教育的。

他举四条证据如下：

①人有天生的缺陷，旁人不责怪他。人若没有道德观念，旁人便怪他。可见，道德心不是天生的。

②人世一切刑罚都含有“善可教，恶可改”的观念。

③人世一切教育，都以“善可教”一个观念为根据。若善恶由天生，何必有教育呢？

④人或说父为圣人不能使儿子为圣人，可见善不可教，这也不然。平常的道德，都可教育，过此以往，属于上智的天资，便不是教育所能为，但这事不足以证明道德不可教。

五、政治学说

在政治一方面，普罗泰格拉乃是一个民主论者。“人是万物的尺度”一句话中含有个人的尊严，个人的价值。后世的民主政治的精神都在于此。柏拉图的《普罗泰格拉篇》里面，有一段神话，可引证普罗泰格拉的政治学说来解释。

普罗泰格拉说，天神造万物时，使鸟有羽翼，兽有皮毛爪牙，鱼鳖有鳞甲，唯独人类裸露无毛，又无甲壳爪牙。天神普罗米修斯无法可想，只得去偷“智慧”与火，人类有了智慧与火，始可生存。

后来人类互相残杀，宙斯怕人类灭绝，于是又使赫尔墨斯下凡，使人类有羞恶之心和是非之心。人类有了这两种观念，然后能建立社会国家，有共同的生活，宙斯说，使人人都有是非心与羞恶心。若单有几个人有这两种观念，国家便不能成立了。这就是天赋人权。普罗泰格拉说，雅典人要做木器，就得找木匠；要做铁器，就得找铁匠；但遇着是非善恶的问题，却不论谁都可以讨论。

这都因为人人都有这种观念。正因为如此，人人才都可以教育成参政的公民。普罗泰格拉把人当作万物的尺度，有提高个人、张扬个人价值的作用，完全把他的这一观点解释成相对主义，未免偏颇。

其他“智术师”

一、“智术师”备受批评

上章所述的普罗泰格拉，全用柏拉图书中的材料。柏拉图是极反对这些“智术师”的，他绝没有“溢美”之辞。然而就我所述看来，普罗泰格拉虽然主张一种很动人的知识论，却并不曾有十分激烈的极端主张。如果当时的“智术师”都像普罗泰格拉那样，绝不至于惹起当时稳健派的反对。但那时的“智术师”并不是都像他这样的平和。如今且把那些小“哲人（智术师）”并成一起如下。

二、高尔吉亚

1．生平

高尔吉亚生于西西里岛的雷欧蒂尼城。他到雅典时，在公元前 427 年，他年事已高。可见他大概生于公元前 480 年左右。他活到很大的岁数，死时大约在公元前 391 年。他死时希腊的政治正当混乱时代，所以他所教授的内容，十分注重辩论修辞，不太注重政治和哲学。

2．极端的怀疑论

普罗泰格拉的知识论，以人的感觉为主，所以说，人见到的事物是什么样子，它就是什么样子，完全不需要理念来支持，更无须有理念。

高尔吉亚更趋于极端了。他说一切知识都是不存在的。

他分三层立说：

①本来就没有物。

②即使有，也无法认识。

③即使能认识，也不能说出来让别人知道。

这就是虚无主义的知识论，是极端的怀疑主义了。

三、加里克勒斯——强权即公理

柏拉图的《高尔吉亚篇》里面，有一个少年“智术师”，名叫加里克勒斯，主张一种“强权即公理”的政治学说，大可代表那时代的激烈思想。

加里克勒斯说：“一切法律都是无能为的大多数人所造作的。他们的目的全是自私自利。他们用礼法去压制那些强有力的少数人，以免那些少数强有力的人起来侵夺他们的权利。他们说权术欺人是可耻的事，是不公的事。其实他们所说‘不公’不过是人类贪多好胜的人情，他们自己无能，巴不得大家都主张平等。其实‘不公’‘不平’乃是天道。强者的所得，就应该比弱者多些：这才是天理。

“无论人类兽类，强的征服弱的，强的享用多于弱的，即是公义。独有人道的礼法，不但不认这个天理，还要竭力把那些强有力的少年从小就驯服下来，像狮奴驯服狮子一般；天天哄他们道，你须要知足，你须要公平。但将来总有一日，有人不肯受这种压制，不肯受这种驯服，咆哮跳出去，推翻一切礼制，推翻一切不合天理的法律。到了那时，如今的奴隶也会闹革命，推倒我们，翻身成为我们的主人，那才是公义大彰的时候了。”

四、色拉叙马霍斯——强权就是现实

当时的激烈派，自然不止加里克勒斯一个人。柏拉图的《理想国》里面，有一个少年名叫色拉叙马霍斯，所持主义，恰和加里克勒斯相反，却又恰相同。有这两派，更可想见那时思想的极端了。

色拉叙马霍斯说："世间公义的人最吃亏。你看政府收所得税，公正的人定多出些，不公的人定少出些。再看政界中，那正人尽忠无私去办公事，却得不着公家的酬报，还被许多亲戚朋友骂他不通人情。那不正直的人，却处处受荣誉，恰与正直的人相反。最不公平的事情，莫过于让最大罪人享受最大的幸福；让最公正的人遭受最大的痛苦。就像专制暴君强夺他人的财产，把整个的土地产业占为私产。这岂不是大恶：这种行为，无论单做哪一件，若被人知道了，都该受大罪重罚。做的人，人都称为贼、盗、偷儿，等等。——但是君主不但抢夺财产，还把产业的主人变成他的奴婢，世上的人不但不骂他罚他，并且恭维他，说他好福气呀！……故我说不公义的势力权利远比公义更大。公义是为有强力的人谋利益的，不公义是各人为自己谋利益。"

这一段说"窃钩者诛，窃国者侯"的道理，极可考见当时社会不平的情形，和那些激烈少年的心理。

五、小结

这些“智术师”，所主张的虽非一致，却有一个相同之点。这个相同之点在于一种评判的精神。他们不肯跟着人说话，也不肯胡乱承认社会的制度礼俗。

因此，知识、教育、政治、法律，都逃不了他们的评判，有的说知识是不能得到的；有的说知识全是主观的感觉，因个人而不同；有的说法律是强有力的人的权利；有的说道德是无能的，大多数用来欺骗压制那强有力的少数人的，诸如此类，大概都只是不肯说现成话，不肯“人云亦云”。

这种独立的思想评判的精神，就是思想发达的表示，就是思想进步的先声。所以我说，若没有普罗泰格拉和高尔吉亚的破坏，未必能有苏格拉底和柏拉图的丰硕建设。

苏格拉底略传

一、建设的思想者

希腊那些“智术师”很像老子、邓析一班人，当时的苏格拉底很像中国古代的孔子。孔子因为当时的“邪说暴行”太多了，所以主张一种建设的哲学。苏格拉底也是因当时的“哲人”太偏于破坏的一方面，所以极力主张一种建设的哲学。

二、生平履历

苏格拉底生于公元前470年左右，他的父亲是一个雕像师，他的母亲是一个收生婆。他少年时也曾做过雕像的生计，据古代相传，他的雕像在当时也颇有名。后来他常常觉得有一种良心上的命令，说他应该去教人。

他从此便抛了他的美术生涯，专做教育事业。他的教育事业，并不是聚徒讲学，也不是像那些“智术师”收人钱财，替人家教子弟。他到处和人问答，一步一步逼人答复，叫人不得不自己承认错了。

后来他的名声越大，同他讨论的人更多，他最恨人没有知识，却偏要装作有知识的样子。所以他最爱和那些假知的人辩论，揭破他们的假面具，叫人家知道这些人原没有一点知识。当时的人说他是雅典的第一个智者。

他自己说这句话却也有一分道理：因为别人没有知识，却偏要自以为有；他却自己知道自己没有知识，这就是他和众人的不同之处。他的智慧，即在于此。

三、喜剧家阿里斯托芬眼中的苏格拉底

但是，他这种揭破别人假面具的手段，虽然使人痛快，却得罪了许多人，所以当时有许多人痛恨他。当时的喜剧大家阿里斯托芬编了一本戏叫《灵》，把苏格拉底写成一个极无赖的诡辩家。

后来苏格拉底到了老年的时候，有许多恨他的人联名控告他，说他：①不信国家所承认的神，崇拜别种不正的神；②败坏青年子弟，诱使他们反对父母，反对习俗。

他在法庭上自己辩护的口供，由他的两个弟子色诺芬和柏拉图详细记录下来。他那时不但不认他被控的罪名，并且把他的原告驳得一句话都回不出。但是当时裁判他的公民都不喜欢他的口辩。所以 500 个裁判员中有 280 人宣告他有罪。他的原告要求法庭直接定他的死罪。

按当时的规定被告可以自请减罪，但是苏格拉底不肯仰面求人。他不但不肯求情，竟自己在法庭上说像他这种人终身教人向善，论起功来，应该在“表功厅”占一个位子。他这种倔强的神气格外得罪了那些裁判员，所以给他定了一个服毒自尽的罪。

四、《斐多篇》中的苏格拉底

他关在狱里等死的时候，仍旧天天和他的朋友弟子议论学问，毫不改变常态。他的弟子克里托用钱买通狱卒，备了船只，想要把苏格拉底救出去。苏格拉底执意不肯逃出去。柏拉图的《斐多篇》里面，记苏格拉底临死的情形最感动人。我抄译一段，以展示他的人品精神：

> 那管监的进来，拿着一杯毒药，苏格拉底问道："我的朋友，你是有经验的人，可以告诉我怎么个吃法。"那人答道："你服药之后，只管走来走去，等到两腿有点走不动时，再睡下来，毒药自然会发作。"他说时把杯递给苏格拉底。苏格拉底面容不改，接了杯子又问道："我可以滴两滴敬神吗？"那人道："这药分量正够用，没得多余。"苏格拉底说："我懂了。"……他把杯拿到嘴边，高高兴兴地一气喝干。
>
> ……那时我们（弟子们）再忍不住了，泪珠直滚下来，我（斐多）蒙着眼睛，竟哭起来。……克里托也忍不住了，走开去哭。阿波罗德鲁斯竟哭出声来了。只有苏格拉底一个人还是镇静如常。
>
> 他听见哭声，问道："这是什么声音？我打发妇人

们走开，正因为怕她们要哭。我听人说，人死时应该安静才好，不要哭了。”

他这么一说，我们都惭愧得很，勉强忍住了眼泪。他走来走去，后来他说两腿走不动了，便仰面睡下。那管监的时时用手捏他的脚上腿上，问他可觉得痛。他说脚上不觉得了，那人又捏他腿上，渐渐上去，都变冷了。

苏格拉底自己用手去摸，一面说道：“等这药行到了心头时，便完了。”

那时他已把头盖住，到了腰部变硬时，他忽然把被揭开，说道：“克里托，我还欠阿斯克勒庇俄斯（希腊医药神）一只鸡的钱，你不要忘记把这笔债还了。”

克里托说：“我绝不忘记，你还有什么吩咐？”苏格拉底不答。过了一会儿，我们听见响声，伺候的人把被揭开，他的眼睛凹陷下去。克里托把他的嘴和眼睛合上。这就是一个哲学家的死法！

五、苏格拉底之死

苏格拉底死于公元前 399 年。他这一死感动了他的许多弟子。他身虽死，他的影响却更远更大。柏拉图的许多对话体的著作，全都以苏格拉底作发言人，柏拉图希望通过苏格拉底之口传布老师的思想。

老师苏格拉底的死，对柏拉图刺激很大，也正是因为希腊民主制判处苏格拉底死刑，让柏拉图对民主制度非常失望，此后柏拉图开始转向反民主的思想道路。

他的作品中时不时地对民主制度讥讽挖苦，尤其在《理想国》里，把民主制度描绘成政治制度的过渡阶段，讽刺民主制度必将堕落成寡头政治，民众不再拥有决策权，而是被改造成饱受愚弄的下贱等级。

后来柏拉图的作品，再传到亚里士多德，经过亚里士多德的进一步发挥，最终成为希腊哲学的正宗，以至于一提到希腊哲学，我们首先想到的就是苏格拉底、柏拉图、亚里士多德师徒孙三代。当然，除了柏拉图，苏格拉底死后，还有麦加拉学派、昔勒尼学派和塞勒斯学派，都是苏格拉底的弟子创建。苏格拉底的影响，于此可见一斑。

苏格拉底的思想

一、史料

研究希腊哲学史的人最难判定苏格拉底的学说究竟是什

么。这种困难有以下几层原因：

第一，他自己不曾著书。

第二，他的弟子柏拉图，处处用他做说话的人。我们读柏拉图的书时，很难分别哪些话是柏拉图自己的，哪些话真是苏格拉底的。

第三，亚里士多德虽曾论及苏格拉底的学说，却又太简略了，叫人不容易懂得。

——因此，这两千多年以来，这个大问题，竟不曾有完全满意的解决，依我个人的意见，大概近年新出的约翰·贝内特教授的《希腊哲学》（1914），讲这个问题讲得最圆满。

本章所论大半都根据这部书。所有我自己增添之处，并非别有见解，不过因为贝内特教授的书不便于初学，不能直译，所以必须增加材料详细解说。

二、自叙

1. 苏格拉底的思想经历

柏拉图的《斐多篇》里，有一段说苏格拉底自叙他的思想变迁的历史，他说他少年时候最爱研究“自然科学”，要想知道万物的原因和存在变迁之故。他自己寻思生物的原起是否由于冷热两者的结合，地的形状是平的呢？还是圆的呢？感觉与知识有何关系？我们思想的作用是由于气呢？还是由于血呢？这种种问题，他想来想去，总没有满意的解决。

后来他听见阿那克萨戈拉有一部书说万物原起都由于心，觉得这话很有道理，不料他读了那书，才知道阿那克萨戈拉还只是说气，说以太，说水，和种种不相干的东西。他的“心”不过是一种“做戏无法，出个菩萨”的救急方法。

他因此大失所望，后来决意自己去研究一种新方法。他自己说这个方法的性质如下：

从此以后，我对研究外物一事觉得有点厌倦了。我想人看日食，须要用一盘水看水底的影子，才不致被日光伤了目力。我如今也是如此，单用眼睛去观察外物，恐怕要乱了我的心灵。

我决意从一方面下手，要从这里面寻出外物的道理来。……我的方法是，我先指定一条最强的理论，认其为真；凡是不符合这一条的，就认定为假。

2. 从定理开始探讨

这一段说苏格拉底的方法很重要，他要从“定理”下手，要从“定理”里面寻出外物的道理。他人说他的方法是先认定一条公理，作为是非的标准。这话初看去是演绎的方法，其实不然，贝内特说他这种公理不过是一个假定的根据。辩论的时候，双方都承认这个假设，便可辩论。苏格拉底的辩论都是如此。

他总是先提出一个假定的理论，问他的对家承认不承认。若承认了，他便一问一答地问，那人不能不承认那先定的根据不是真的，于是苏格拉底又换一个理论，问他的对家承认不承认。承认之后，他又设法把那个根据推翻。如此上去，叫那人觉得他的理论都不能成立。然后苏格拉底慢慢地把他引到一个正确的根据上。

这是他问答辩证的方法，这里所引的一段是破坏的方法。有时他把对家所承认的假定都推翻了，然后重新举许多例，一条一条地证明一个正当的理论。那就是建设的方法了。

三、全称界说

亚里士多德说苏格拉底主张两事：一是归纳的逻辑，一是全称的界说。

这两事其实只是一事，归纳的论理就是苏格拉底的问答做的辩论。这种问答，从许多做法的例上归到一个全称的界说，故可说是归纳的论理，什么叫作“全称的界说”呢？例如说：“孔子、墨子、孟子都是人。”

这种界说，从个体里面认出他们的“共相”，认出他们同是“什么”，这就是全称的界说。这个“什么”，往往译作“概念”。这个译名似乎不太准确，他以为“概念”和苏格拉底的本意不对，故改译作“理念”，直译为“形式”，我认为“形式”与后来亚里士多德的“形式”相混，故译为“共相”。

原文是“个别的”，或“个体”，苏格拉底、柏拉图和亚里士多德三人所用本是一个字，不过意义各不同，故译为苏格拉底的“共相”，柏拉图的“理念”，亚里士多德的“形式”。

个别是可感的，共相必须经过推论。

苏格拉底说人的感觉只能知个体的事物，不能知他们的共相。共相须由心灵用理论推得。譬如我们说这块木头和那块木头相等，这块石头和那块石头相等。这个“相等”是从哪里来的？我们绝不先拿一个“相等性”去做观察的标准，可见这个“相等性”是由观察外物引起的。

外物的观察虽能引起这个“相等性”，观察的外物却仍旧是木头石头，到底还不是“相等性”。那些木头石头有时相等，有时不相等，可见那“相等性”并非能外物产生的。我们见了那些相等或不相等的木石，就产生一个“相等性”。这个“相等性”是我们回想起来的。“相等性”只是一个绝对相等的“相”“理念”。

我们从相等的外物回想到那绝对的相等性。看得见外物只是感觉的作用，回想到相等性是心理的作用。此外，看见美的事物就回想到美的“相”，看见善事便回想到善的“相”，都是这个道理。

这种“共相”的学说始自毕达哥拉斯一派的数理学说。讲算学的人自然最容易从几个三角形上想到三角形的绝对的“相”；从这个圆、那个圆想到圆的“相”。但是苏格拉底把这个学说推广开来，包括一切道德和艺术的问题。

四、个体与共相的关系

1. 共相遍在

我们若承认有一个“美”的共相，还须问什么东西使我们承认这物或那物是美的。例如说“这朵玫瑰花‘很美’”，我们为什么说它美呢？若说是“因为这花有那种胭脂色”，何以北京城的许多中年妇人把脸染成那种颜色，不但不美，反更丑了！换句话说，“什么东西使这花美呢？”苏格拉底简单回答道，美有美的相，所以是美；大有大的相，所以大；小有小的相，所以是小。

2. 分有说

他又说：“如果美的相之外还有别物可称为美的，那物所以为美，只因为它分有美的相的一部分。这个道理可推到一切种种。”

又说：“除了分有美的相，此外别无他法可使一物成为美的。”这种学说叫作“分有说”。“分有”就是孟子所说的“具体而识”，可惜“具体”二字被日本人用来译西文的“concrete”了，我只好改译作“分得”。

苏格拉底的分有说，是说个体事物部分地分有绝对美的相，方可称作“美的”；部分地分有绝对善的相，方可称作“善的”；部分地分有绝对大的相，方可称为“大的”。换过来说，因为美的相的一部分存在于事物里面，所以我们觉得这些事物“美”；若没有美的相存在，这些事物就不美了。

总而言之，学说大旨是个体的事物所以能美，是因为它“分得”绝对美相的一部分，是因为绝对美相有一部分“存在”它里面。

但是，那共相总不能完全存在个体事物里面，那美人，美花，美的风景，只分到“美”的一部分，大家都想到绝对的美，但终不能得到那地步。虽然如此，那绝对的“美”并不是别有一种独立的实在。

3. 共相是有限的

柏拉图的《理想国》里面借苏格拉底之口宣称：正，不正，善，恶，和别的种种共相，每个相其实都是同一个相；但是它和事物，和别的共相，交通并会，到处呈现，所以每个共相竟好像成了无数共相。

苏格拉底虽未明确承认这些共相在现象界之外另有一个理念界的存在，他也不肯承认一切事物里如果没有分得共相的一部分，还能有什么意义。

如果严格地要求苏格拉底为理念论学说提供验证程序和手段，未免执今律古，过分苛责。但我们还是能从学说的逻辑上，把其中的疑问梳理清楚。

万物确实从理念中获得意义和存在的价值，但理念的数目却不是无限的。理念的数目只集中在如下几类：

①数学的：算数的，尤其是几何的，比如点、线、圆等。

②知识论的：真，正确。

③伦理学的：善，美，勇敢，理智。

不难看出，柏拉图希望的理念都是正面的、积极的，而那些污秽之物，腐朽衰败的东西是没有理念的。

4．“理念”都是积极的

为什么会这样？这就要考虑到柏拉图的有神论：世界必将越来越好。

理念比现象世界的个别事物更优更好。个别事物除了努力趋向它们的理念之外，没有别的办法使自身变得更好，这是理念论的根本设定。不完善的个别事物努力趋向绝对完善的理念，世界自然越来越优越好。

可是，如果承认污秽之物也有理念，污秽的理念肯定比个别的污秽之物更污秽，个别之物努力趋向它们的理念，那就是变得更加污秽，绝对的污秽。这个世界岂不是越来越污秽？理念世界的美好何在?

趋向理念就等同于趋向堕落的世界，这么大的漏洞，柏拉图怎会轻易放过。所以，他所允许存在的理念，都是积极的正面的，负面的消极的个别之物没有它们的理念。

5. 命题与诡辩

大概当时苏格拉底不满意于那些“智术师”的知识论。如普罗泰格拉的主观主义，如高尔吉亚的彻底怀疑主义，都极力破坏知识。苏格拉底想从建设的方面入手，又觉得那些宇宙论的哲学家也还是支离破碎，没有一个满意的根本主张。因此他自己思考出一个根本的方法，从“定理”的方面下手。定理都用“命题”表示。

命题有“名”有“实”，实是个体，名是共相，例如说“这是甜的”，“这”是个体，“甜的”是共相。共相的甜味即在“这个”之中，“这个”因有甜性的一部分，所以能甜。普罗泰格拉说，因为我觉得甜，所以说甜。

高尔吉亚更进一步，说本没有什么可叫作甜。苏格拉底说不然，这个所以能甜，并非因为我的感觉如此，都只为这个里面含有绝对甜性的一部分。我们尝到这个甜的东西，回想那个甜的共相，所以有“这是甜的”的知识。

一切事物的意义都只是个体与共相交互的关系。自从苏格拉底提出这个问题，西洋哲学的根本性质从此大定。后来两千多年的哲学史总逃不出这个“个体与共相”的问题。

以上所说苏格拉底的学说，有许多话平常都算作他的弟子柏拉图的学说，例如共相说、分得说、回想说，皆是。但我觉得贝内特所说很有道理，故依着他把这些学说都归还苏格拉底。他们两人重要的分别在于柏拉图把他的“理念”都看作独立存在的，所以分出一个物质界和一个理念界来；苏格拉底当时并不曾确立这个分别，他只要人知道这个体事物和共相的关系，就够了。

五、道德不可教

读哲学史的人大概都知道苏格拉底最著名的学说，“知识即是道德”“智即是善，愚即是恶”。这种学说其实不是他一个人独有的。公元前五世纪的希腊人大概都把这种话当作公认的常识。那时的“智术师”到处教人做良好公民。若“善”不是“智”，如何可教？

柏拉图的《普罗泰格拉篇》里面写普罗泰格拉极力主张道德是可教的。苏格拉底和他辩论，说道德是不可教的。他既说“智即善”，何以又说善不可教呢？原来苏格拉底虽主张“知识即道德”，却和那些“哲人”有一个根本不同之处。那些“智术师”说的“善”是这个善、那个善。他们所教的善只是“善于做什么”的善。

苏格拉底说“善”有两种：一种是哲学的善，一种是群众的“善”。

哲学的善全靠知识；群众的善全靠习惯。只有前一种是可教的；那后一种既不是知识，自然不可教了。他所说“道德即是知识，知识即是道德”，乃是指这种“哲学的善”说的。

这种善乃是绝对的真善，一切善都因为分得这个真善的一体，所以能称为善。世间善事，千头万绪，种类甚多，都不过是这个真善的一方面。例如他说智慧、谨慎、精诚、公正、勇敢五德，虽有五名，其实只是一物。那一物就是真善。获知这个真善，就是知识，就是道德自身，有了这种知识，绝不会做恶事。

所以说，“没有人是有意做恶事的；没有人是有意做他自己所认为恶事的，明知什么是恶，却偏要去做，这是和人的天性相反的”。为什么呢？因为“真知识是极高贵的东西，有能力可以约束人类。一个人只需真正知道什么是善，什么是恶，他自然永不会被外物所动摇，自然不肯去做真知识不许他做的事”。

这是苏格拉底的知行合一说。要晓得他所说的“知”是有能力可以约束人类的“真知识”。王阳明说的“知而不行，只是未知”，也是说知而不行的知识就不是真知识。苏格拉底一生的教育事业，到处教人不要以不知为知，而是要知道自己无知之后去寻求真知识。

他在法庭上替自己辩护时，宣称：

不曾省察过的生活不值得过。不曾省察过的生活就是一切糊涂颠倒醉生梦死的生活。那种生活不是人过的，所以他一生责人责己，宁可让众人埋怨，宁可为真理送了生命，都不要人过那种不曾省察过的生活。

德谟克利特

一、原子论

古希腊的多元哲学，自从阿那克萨戈拉和恩培多克勒之后，诞生一种原子论。原子论的始祖留基伯，是米利都人，受过巴门尼德一派人的影响。他的时代已不可考，大概和阿那克萨戈拉及恩培多克勒两人同时，巴门尼德认为，存在只是一个整体，其间并没有真空（无）。一切“动”与“多”都非实有。原子论只是不承认这话。留基伯说空是有的，实也是有的，那空就是真空，那实就是原子。

原子是一种不可分析不可间断的真实。那无穷无极的空间里面有无数的原子，大小不等，形式不一。那大的原子，动作不如小原子的便利。所以原子流动上下的速率不相等。后来那些大的原子渐渐归到中心，那些小的原子被挤到外面，就成了一种绕轴旋转的运动。后来形状相同的原子各各并成一块，遂渐渐变成火、气、土、水四大根，这就是宇宙万物的缘起。

留基伯的著作，都不曾传下来。他的大弟子德谟克利特把这种学说发挥得更详细，我们如今竟难把他们师徒两人的学说分别出来，所以只好统统理解为原子论了。

二、著述

德谟克利特的著作，虽然极多，不幸也多散失了，只有许多残篇断句留传下来。他的时代，我们也不能确定。大概和苏格拉底同时，他是艾贝德拉人，和当时的大“哲人”普罗泰格拉是同乡。他又是留基伯的弟子。

从前的人往往把德谟克利特的时代算得太早了，所以把他当作苏格拉底以前的人。近人才把他排在这“人事时代”，因为他虽然主张原子论，那不过是承受师说，并不是他自己独有的学说；他本人的重要，据他的遗著看来，只在知识论与人生观，正与那些哲人和苏格拉底等同一趋向。

文德尔班的《哲学史教程》把德谟克利特排在希腊哲学的第三时代，与柏拉图和亚里士多德并列。这种办法固是有理，但从时代算来，他该在第二时代。故我从贝内特的安排。共相才是真知识。德谟克利特也不承认那种主观的知识论。

他说物体的德性可分两种：一种如物的形状、大小、坚柔、密度之类，名为真德；一种如颜色、声音、气味之类，名为似德。似德属于感觉，故因人而不同。真德属于心知，乃是绝对的知识，不随感觉变易。

三、论知识

德谟克利特的同乡前辈普罗泰格拉曾说，人的知识全是主观的感觉，“你看见的东西是什么样，它就是什么样”。苏格拉底不承认这话，提出一个心知与感觉的区别，以为感觉只能知道个体事物，心知才能知道事物的共相。

感觉是一种“影像”，从外物发出，触动人的五官，更由五官达于心官，故五官所感觉到的不过是物体的影像，并非物体本身。他是一个原子论者，故说物体也是原子组成的，物的影像也是一团微细的原子，甚至物的心也是一团最精微最活动的“火性原子”。

五官的感觉最详细。视觉所见的影像分子经过空气的障碍，看不分明。没有空气遮挡，就连“天上爬的蚂蚁，也可看得见”。听官的声音也是一阵小分子，从发音物经过空气达于耳鼓。此外如嗅觉、味觉、触觉也都是分子，与官能接触的作用。

他说：“我们习惯了，以为有甜有苦，有冷有热，有一切颜色。其实只有原子与空间。感觉的知识是靠不住的。”他说：

“五官所得，实在不是真知，不过是随物体的位置组成而变易的。”真理不是这样知道的，真理还在底下一层。

他说：“知识有两种：一种是亲生的知识，一种是野生的知识。色、声、香、味、触，都是野生的知识。亲生的知识和这些大不相同。”如此说来，普罗泰格拉一班人所说的知识，全都属于野生的。

那亲知（直接的知识）又是怎样呢？上文说过，他说物德有真德似德两种。知得真德，就是真知。但他的原子论总去不了，所以他说物体发出一种最精微的影像，表示物体的分子的构造，这种影像不由五官直接触动火性原子（心理官能），这种触动是心知，是“亲知”。

四、人生哲学

德谟克利特的人生哲学用苦乐两事作起点。人生的幸福在于有乐无苦。但他说的快乐却不是情欲的纵恣，也不是世间的富贵。他说：“幸福不在牲畜之多，也不在金多；幸福乃在人心里。”俗人所谓快乐，不能长久，往往乐极悲生，究竟不是真幸福。真幸福在于适意，在于真知识发生的愉快，在于中和之道。“人能选择心灵的快乐，可谓得天乐；那些选择身体的快乐，只可算得世俗快乐。”

第三章
希腊哲学：极盛时代

苏格拉底的门徒

一、泛论

雅典的公民里面，有几个“社会的栋梁”，恐怕当时的少年子弟要被人教坏了，所以他们全力把一个最喜说老实话的七十岁老头子弄死了。那弄死的老头子就是苏格拉底。他死了之后，他的朋友弟子受到他的感化，看了那种以身殉道的好榜样，自然格外奋起。苏格拉底的门徒里面，产生了好几支学派，内中柏拉图一支，再传到亚里士多德，另有专论，别见下文。如今单说苏格拉底学派中那些略小的宗派，并作一章。

这些学派和柏拉图一派、亚里士多德一派，统属于希腊哲学的第三时代。这个时代起于公元前 400 年，终于亚里士多德之死，是希腊哲学的极盛时代。其间的重要人物都是苏格拉底一传再传的弟子。后来西方哲学思想几乎没有一个时代不曾受到这个时代的影响。这可是当时弄死苏格拉底的那班“社会栋梁”万万想不到的！

二、麦加拉学派

这派的始祖是欧几里得（不是几何学家欧几里得），乃是麦加拉人，他的学派即以地为名。欧几里得承受师教，以为真知识在于知道事物的共相。共相永不变换，故是真知。共相虽多，同出一源，那一源就是绝对真善。唯有心知能知真善；真善永远存在，永不变易。一切变动生死，都由于五官感觉之迷妄。能知真善，即是道德。

这一派不但受了苏格拉底的影响，还受了埃利亚学派的影响。他们的辩论方法极像芝诺一班人。到了再传以后，竟完全成了一种诡辩派；故这学派后来竟称为“辩士派”。有一个迪奥多鲁斯立下四条理论，证明“动”的不可能，竟是完全模仿芝诺了。这一派后来全属破坏的，攻击柏拉图和亚里士多德最用力。

公元前四世纪末年，这一派还有一个斯提尔波（公元前

370—前 290 年）曾从犬儒学派的第欧根尼受学，故他的人生哲学主张无欲，主张适意独立，都近于犬儒派的学说，后来斯提尔波的弟子芝诺（另外一个芝诺，不是智术师芝诺）遂把麦加拉和犬儒两派并成他的斯多葛派。

三、埃利斯学派

这一派的始祖是菲奥，他生于埃利斯，故名埃利斯学派。这一派的学说，如今已不可考；据古代相传，大概和麦加拉一派多相同之处。

四、犬儒学派

1.“犬儒”一词的来历

这一派的始祖是安提西尼。他从前曾受过智术师高尔吉亚的教育，认得苏格拉底，极崇拜他的为人。他的年纪大约比柏拉图要大得多，死时当在公元前 370 年左右。他是雅典人。苏格拉底死后，他在本地开了一所学堂。那学堂的地址名叫“居诺萨格”，希腊文叫“狗”；这一派人称“犬儒学派”。

2. 苦行僧式的生活

苏格拉底是一个真能独立生活的人。他的议论不肯傍人门户，自不用说。他一生最能刻苦，冬天夏天只穿一样的衣服，身上总没有衬衣，脚下总不穿鞋子。到了老年，无罪受死刑，依旧不动声色地服毒死了。这一种精神就是犬儒学派的基础。

安提西尼最崇拜的，最得力的，即在这一种自足于内、无求于外的特立独行的精神，所以他说：道德已够了，若想有道德，更不须先有别的外物，只要有苏格拉底那样的毅力，道德是实行的事，用不着许多话，也用不着许多智慧。因此，他这一派的人最轻视一切学问、艺术、算学、科学。

3. 犬儒学派的逻辑学

在逻辑学一方面，这一派与苏格拉底和柏拉图恰相反。苏格拉底提出事物的共相，作为知识的根据。安提西尼以为共相乃是人心里造出来的概念，并非实有，没有个体事物是实在的。他说："我能看见马，但不能看见什么马的相。"一切界说不过是同义互训。

说"人是有理性的动物"，其实只是说"人是人"，并不曾添了什么意义，所以这一派的名学主张是：个体的物只可有本物的名，更不用什么共相概念。人只是人，柏拉图只是柏拉图。所以他们说个体事物不能有非个体的名。

这种名学极像杨朱说的"名无实，实无名，名者，伪而已矣"。在西方哲学史上，这一种逻辑学叫作"唯名论"。凡是主张这种名学的，总偏向个人主义的人生哲学，杨朱如此，这些

“犬儒学派”的哲学家也是如此。

个人要能独立存在，无求于外，一切富贵、名誉、权力皆是身外之物，固不消说，即家族也都用不着。个人的目的只要自知，只要服从自己理性的命令，独行独立，何必要有家族国家的束缚？所以他们说，圣人无欲无求，自足于中，与天神一般，圣人乃是“世界的公民”，更有什么家国的界限？

4. 第欧根尼

这一派里最著名的“怪物”是第欧根尼。第欧根尼实行这种独立孤行无求于外的个人主义，不要家庭财产，自己住在一只大木桶里。他别无什么，只有一只木碗，后来看见一个乡下小孩子用两只手捧水喝，他忽然大悟原来这只木碗也可丢了！后来他的名誉越来越大，古书相传亚历山大大帝亲自来见，他也不理睬他。亚历山大看他穷得不像样子，问他可要什么？第欧根尼回答：“不要挡着我的阳光。”——这些故事，虽不必全是信史，也可想见这一派人的苦行功夫了。

五、昔勒尼学派

这一派也是以地为名。创始人阿瑞斯提普斯是昔勒尼人，年纪比柏拉图略大些。他同苏格拉底往来很密，苏格拉底死后，他旅行各地，教授生徒，后来回到家乡，创立这一学派。

苏格拉底的人生哲学，虽然也注重道德，却带一种乐利主义的性质，以善所以为善，正因为善是有用的，正因为善是可使人快乐的。例如，普罗泰格拉所说，乐都是好的，其间却也有个分别；有些快乐虽能一时满意，过后便能生出痛苦。这种快乐不是真乐。

这个观念很是重要，因为阿瑞斯提普斯因此便不能不承认社会的裁判，不能不顾虑风俗与法律的权力。所以阿瑞斯提普斯一生谨慎，以为“谨慎”是寻乐的第一要义。有这一转，遂使这一派的学说不致流为极端的纵欲主义。阿瑞斯提普斯的学派即用这一点为根据，以为人生的目的在于快乐，乐即是善，苦即是恶。

这一派也轻视一切算学科学，以为都没有用处。阿瑞斯提普斯或者也曾受过普罗泰格拉的影响，故他论知识偏向感觉一面，以为感觉即是知识。感觉乃是外表的感动，人受感动有三种受法：一是乐受，一是苦受，一是不苦不乐受。

三种之中，只有乐受是好的，苦受即是恶。阿瑞斯提普斯所谓“乐”，单指现在身受的愉快，过去之乐已成陈迹，未来之乐还不可知，只有现在之乐，乃是真乐，乃是真善。他不承认快乐的种类不同，知识的乐未必比肉体的乐高一等。一切乐都是好的，其间也有个别例外，有些快乐虽能一时满意，过后却又产生痛苦。

阿瑞斯提普斯的弟子西奥多勒斯以为一时的快乐是靠不住的，不如求心神畅适的真乐。同时有一个何基西亚斯，以为真快乐是不可能的事，倒不如自杀还可至少免得许多人世的痛苦。同时又有一个安尼克里斯以为真快乐有时须从牺牲自己中寻去。他又说见别人快乐我也觉得快乐，这也是一种真快乐。这种议论把乐利主义作为爱人的基本，竟和近世的乐利主义没有什么分别了。

六、结论

这几个学派之中，麦加拉一派和犬儒学派后来并成斯多葛学派。斯多葛学派后来为伊壁鸠鲁学派的祖宗，苏格拉底不但是希腊哲学极盛时代的近因，并且还是“希腊罗马时代”两大学派的远祖。

第四章
希腊哲学：反思时代

亚里士多德的人生哲学

1. 至善就是快乐

亚里士多德的人生哲学，开首便说什么叫作人生的“至善”。希腊人大概公认人生的“至善”是快乐。但是怎样的生活才可算“快乐”呢？“快乐”是活动的生活，循善而行，终身行之而不已。一切外物，都只是这种“至善”的附属品。

2. 对快乐的三层界说

上文“快乐”的界说，有三个层次：

第一，是“活动的生活”。

亚里士多德说，“善”不仅仅是一种“状态”，更是一种活动。这个区别很重要。他说:“正如奥林匹克的大运动会，想获得喝彩，须是上场争赛，方可望胜。人生也是如此，好人虽多，获得众人喝彩的还只是上场的人。”虽然不能就此说亚里士多德是积极入世的学者，但提倡积极乐观勇敢进取的精神还是很明显的。

第二，是“循善而行”。

这“善”就是“理性”。万物之中，只有人能用理性指挥自己的行为，理性指导生活，就是节制；指挥得尽善尽美，就是至乐。因此，在亚里士多德看来，节制之道就是快乐之道。

第三，是“终身不已”。

亚里士多德说:“一只燕子，一日晴天，算不得春景。一时偶尔理性的生活，不能长久，也不能使人快乐。”这就是讲，快乐的生活、节制的生活还需要持之以恒，“有一言而能终身行之”，这就是至善，就是快乐了。

3. 循善而行

亚里士多德又说“循善而行”的善字含有两个部分：一要知道什么是善，二要依着所知的善去做。

有些人知道“善”了，偏要为恶；有些人知道善了，只是不能约束情欲，所以终不能为善。因此，若要做到“快乐”地生活，不但要知何者是善，还要训练一切嗜欲情感，要使服从所知之善。

4. 两种善

因此，亚里士多德说“善”有两种：①知识之善；②品行之善。

“品行”包括一切性情、欲望、感情。从前苏格拉底说，知识即道德，因为只见了第一种善，不曾注意第二种善。

5. 品行之善

亚里士多德的知识论属于经验派，所以他论人生道德都说是教育的结果，并不是天生的才性。此处所说“教育”，并不是读书学算之类，乃是情欲的训练。天生的情性欲望，并无善恶可说，都只是造成“品行”的原料。

训练的功效使那些可善可恶的趋势，变成一种固定的习惯。所以说“品行之善只是习惯所养成心神的定性”。训练情性，习于忍耐、自重、公义，种种美德，后来凡做忍耐、自重、公义的事，便觉愉快；做苟且、懦怯、不正的行为，便觉不愉快。这就是习惯的功效。习惯去做，便成天性。若要品行好，先要习惯好。

6. 中道

好行为与不好的行为，有什么标准的区别呢？亚里士多德说，这个区别在于行为是否合于中道。人的情性欲望太过了，或是太不够，都不好。情性欲望，无过无不及，处处适中，就是好的。品行的“善”只是一种有常的性情，发展为有意志的动作，依各人的差异，都得中道。这中道的规定，或由理性，或由圣贤师法。

7. 什么是“中道”

这条界说应当注意的几点。

第一，须是“有意志的行为”。譬如不会射箭的人，胡乱射箭，或偶然中的，终不算善射。人生行为，须有意志，须有选择，方才有善恶可言。有意的适中，方算是善。

第二，须是“依各人的差异，都得中道”。可见这个“中”并无一定，是因人而异的，是因境地而异的。所以这个“中道”的规定，极不容易。这一层道理极为重要。懂得此理，便知人生哲学绝不能替我们定下呆板的规矩。

第三，善即是“中道”，过与不及都是不善。“中道”只在一点，其余无数点不是过就是不及。可见为恶极易而为善很难。知得此理，人生行为便知该如何谨慎！

中道与过与不及，可用下表图示：

太过	中道	不及
鲁莽——	勇敢——	懦怯
奢侈——	慷慨——	吝啬
谄媚——	恭敬——	无礼

8. 意志

亚里士多德论善恶最重意志。他说，我们评判善恶，并不单指表面行为，而是评判行为背后的意志。我国古人所谓“诛心”，与此义相同。为什么呢？“因为本人的意志才是最根本的，意志决定着人的行为。”要把善恶问题谈得通透，就需要时时关注这个意志。

第二篇

近代哲学

第一章
古典哲学余波

现在倒数上去50年，正是1872年，我们来看看那时候的哲学界是个什么样子。传统哲学日渐凋敝，新生哲学还在挣扎着，即将破蛹而出。哲学舞台，像一个乱糟糟的戏场，闹哄哄我方唱罢你登台，浪漫主义，实证主义，唯意志论……

近代哲学的主要问题，知识的来源是什么，理性观念还是经验？知识的工具是什么，直觉的内省还是经验观察？认识的主体和对象是什么？什么样的认识方法才是最可靠的？

这些问题已经没人再感兴趣，经过德国古典哲学的讨论，黑格尔一死，好像这些问题也随着思想巨擘而离世。思想界陷入乱象之中，今天信奉浪漫主义，明天又去追捧实证论，唯意志主义大师叔本华、尼采也把思想界搅得神魂颠倒。大家不再关注问题，不再思考，而是热捧情绪，追逐非理性的宣泄。

这段时期的哲学，以达尔文及其后学的进化论思想影响最大，甚至今日英美唯实主义、美国实用主义都深受影响。在这段时期，思想界养成质疑的精神，没有证据绝不相信，如要相信，必须有证据。此外，政治哲学的主题也在个人和国家的问题上徘徊，出现放任主义和工具主义两种政治哲学理论。

一、浪漫主义

欧洲大陆上，浪漫主义哲学已到了衰败分崩的时期。黑格尔死 41 年了。叔本华死 12 年了。培根说的“蜘蛛式”的哲学系统，从哲学家的脑子里抽象出伟大系统的狂热，忽然冷落了，缔造宏大哲学体系的雄心壮志再也不能赢取听众。

最有势力的黑格尔学派早已分裂：“右”派的，变成卫道忠君的守旧党；“左”派的，在宗教方面，费尔巴哈与斯特劳斯都进行了大胆的批评；在社会政治方面，有马克思与拉萨尔的社会主义，同样掀起社会政治学说的巨大变革。

二、实证主义

实证主义的盛世也早已过去，它的开端就是培根的经验主义哲学。培根的思想要点集中在一句话上：知识即权力。他拿这个经验主义的标准来评判当时大多数的学术，得出的结论是：它们都是知识冒牌货。

因为它们不产生任何权力，没有什么功效。当时的学术被他归结成三类：媚俗的、空想的、争执不休的。培根的经验主义，实际上就是"实验验证"，产生实际功效的知识才是真知识，讲"知识即权力"就等于讲"知识即功效"。

孔德死了15年。第二年（1873），英国的密尔（现译"穆勒"）接着也过世了。英国还有一个斯宾塞，此时还正当盛时，但他早已蜕变成一个演化论哲学家，而不再是十九世纪上半叶的实证主义者了。因此，随着几位老实证主义大师相继过世，斯宾塞转投演化论哲学，实证主义凋零殆尽，逐渐被新兴的唯心主义流派取代。

大陆浪漫主义的余波此时变成一种新的唯心主义，又叫作"客观唯心主义"。这一派的远祖是康德，但开宗大师是洛采。1872年，洛采的重要著作已出了不少；1874年，他的《逻辑学》出版；1879年，他的《形而上学》出版；1884年，《逻辑学》和《形而上学》这两部书都译成英文。在英国方面，德国系的哲学向来没有势力；但到这个时候，新唯心主义也渐渐有了代表，他们都倾慕黑格尔哲学，早期思想的黑格尔色彩很重，因此，这些新唯心主义者都曾是"新黑格尔主义者"。

从英国的哲学历程来看，这段短暂的时期，难得英国思想界接受并传播大陆哲学，一系列很有分量的作品也相继出版发表。格林的名作《休谟哲学导论》，1875 年发表。凯尔德《康德哲学》，1877 年发表。这一派的英国大师布拉德雷的两部难以理解的名著《逻辑原理》与《现象与实在》，此时虽然还不曾发表，但这个时代的英国哲学界，至少英国的大学教授所代表的哲学界，已经染上很浓的德国色彩。

第二章

新唯心主义

一、德国唯心主义——洛采

洛采精通医学与生理学，受到科学观念的影响，不满意机械论的人生观。他总想调和自然科学的机械论与浪漫派的唯心论。他从机械论入手，指出近世科学承认，一切现象都来自原子的交互作用。这些原子只是无数“力的中心”。

但是，究竟物的本体是物质的，还是精神的呢？洛采要我们用类推法来解决这个问题。物的本体若完全独立，那就不可知。我们只能由已知“推知”未知。我们之所以能直接了解自己精神的现象，全靠心灵的综合力。宇宙的实际，也须转换成精神的现象，方才可知。

洛采以为原子也是有生命的，不是死的。这里面有莱布尼茨的许多影响，实在有种种等级：人的心灵代表最高一级，其余的依次递降下去，就是最低等的物质也有心灵的生活。

二、洛采之后

洛采以后，德国的新唯心主义思想家有哈特曼、费希纳，心理学家温德，都属于这一派。现存的老将奥伊肯，反对理智主义与自然主义，鼓吹精神生活，颇能替近代宗教运动添一个理论的基础。

三、英国唯心主义——格林

在英国方面，格林的《休谟哲学导论》和《伦理学导言》是新唯心主义的开山著作。格林是一个热心改良社会的人，做了许多社会服务的事业。当达尔文的进化论引起许多激烈讨论时，格林正当壮年。1860 年 6 月 30 日，牛津大学辩论进化论的大会——生物学史上最有名的一场舌战——格林也在座，他那时还是大学学生。

对这种自然主义的人生观，他总觉得不满意。人不单是物质的，也是精神的；他有自觉力。人是那普遍心灵的一个影子，有欲望与情感。但人的欲望与禽兽的冲动不同，人能把冲动化成他自己的，变成自觉的，使欲望变成意志。人的特点就在于他能想象一个胜于现在的境界，并且力求达到那个境界。

四、布拉德雷

1. 生平与著述

格林英年早逝，英国后起的新唯心论派的哲学家，要算布拉德雷最重要。他的哲学最不好懂，有人叫他作“近代哲学的芝诺”。他的名著叫作《现象与实在》。在这部著作中，他提出，本体是绝对的、完全的、无欠缺的。人类平常的经验知识，都只是片面的、不完全的知识。

绝对的本体是贯通的、和谐的、无所不包的。我们的经验知识，只是那大本体的一个具体而微的部分；虽不完全，却非虚幻，也可以算是一个小本体。我们单靠思想知识，不能完全获知绝对的本体。只有直觉，只有直接的感觉，可以使我们领略本体的大意。

2. 绝对唯心论

自从布拉德雷以来，这一派不再模糊地叫“新唯心主义”，而是获得一个新名称“绝对唯心主义”或“绝对唯心论”。也叫“客观唯心论”，何以又叫作“客观唯心论”呢？因为他们一方面接受休谟与康德的经验主义和唯心主义，一方面又想拿黑格尔的历史哲学来代替新兴的进化论。绝对本体是可知的，却又不完全可知。

人心的作用，能把散漫的感觉与经验，组织成一个宇宙；这个宇宙虽不完全，却非纯粹主观的，因为人人都有一个大同小异的宇宙；既然人人都有，互相印证，所以说是客观的。

这个宇宙，这个宇宙观，是进化的。靠着知识科学的进步，由孩童的宇宙转变到大人的宇宙，由常人的宇宙转变到科学家、哲学家的宇宙，由不完全的宇宙转变到比较完全的宇宙，这种转变就是进化。

布拉德雷的思想中混杂着康德和黑格尔两种有冲突的哲学，康德在绝对本体和人能认识的现象间划下不可逾越的鸿沟，黑格尔则坚持认为这条鸿沟不存在，所以，布拉德雷对本体的界定很矛盾：绝对本体可知，但又不能全知。布拉德雷的绝对唯心论既非主观的，也不是客观的，他还挣扎在两种对立思想的交界处。

3. 鲍桑葵

这个学派，在五十年中，可算是大陆上“正宗”哲学的传人。它的势力在英美都很大。英国大师是鲍桑葵，是新唯心主义的主要代表。他的哲学还沉浸在黑格尔主义之中，虽然也谈到经验，但还远远不是能够得到准确验证的经验，而只是情感经验，他的哲学基本上还是以黑格尔哲学和浪漫主义为主要的思想来源。

五、美国唯心主义——罗伊斯

美国绝对唯心论的大师是罗伊斯，主要著作有《哲学的宗教方面》《近代哲学的精神》《世界和个人》等。梯利教授在他的《哲学史》里略举属于这一派的美国哲学家，竟有 20 人之多。但马文教授在他的《欧洲哲学史》里说："哲学史家指出，科学与这种少人问津的书生学说，分道扬镳了。也许将来科学会同它合流；但目前，这一运动虽然声势浩大，却只能说是欧洲哲学思潮的一个回波，不算主流。"

绝对唯心论的时代，新思想还没有完全成型，旧学说也没有完全退出哲学舞台，新旧交替之际，思想家们的脑子里有太多矛盾和不协调。绝对唯心主义还在留恋成体系的德国唯心论，还舍不得同它决裂，接下来我们要讲的唯意志论，正是这种同唯心主义决裂的思想流派。

第三章
尼采哲学

人们通常不在唯意志论这个思想上严格区分尼采和叔本华，他们也都以“人生哲学”而出名，不过他们有一个明显区别：叔本华重视经验，而尼采则很少谈经验。尼采很少像叔本华那样为了证明一个观点引用许多经验，再根据一系列经验来归纳出结论。尼采批评叔本华的学院气，但是，他确实轻视了事实经验。

一、乐观主义的唯意志论

尼采也是浪漫主义的产儿。他接受叔本华的唯意志论，而抛弃了他的悲观主义。叔本华说的意志，是求生的意志；尼采说的意志，是求权力的意志。生命乃是一出争权力的大戏：在这出戏里，意志唱的是主角，知识等都是配角。而生命最终争取到的，就是昂扬向上的生命权力。

二、超人

真理之所以有用，只是因为它能帮助生命，提高生命的权力。生命的普遍法则是：各争权力，优胜劣汰。生命的最高目的是造成一种更高等的人，造成“超人”。战争是自然的、不可避免的；宁静和平是无生气的表现。为了实现超人社会，我们应该打破一切慈悲爱人的训诫。叔本华最推崇慈悲，尼采则反驳说，慈悲纵容弱者、压抑强者，是社会进步的最大仇敌，他的乐观主义发挥到一种极致，不容忍任何文文弱弱的思想观念。

三、强者哲学

尼采反对当时最时髦的一切民主主义学说，理由很简单，这些虚假论调压抑生命，限制生命去争取权力。生命是竞争的，竞争的结果自然是强者的胜利。强者贤者的统治是自然的、理所应当的；一切平民政治的主张：民权、社会主义、共产主义、无政府主义，都是反自然的。不平等是普遍法则，而平等则是时人妄想。尼采为了宣扬自己的强者哲学，不惜曲解进化论，借自然之威为自己的哲学作证明。

四、反基督

尼采大声疾呼，极力反对古代因袭下来的道德与宗教，尤其是基督教。传统道德是奴隶的道德，基督教是奴隶的宗教。传统的道德要人爱人，庇护弱者劣者，束缚强者优者，这难道不是道德吗？基督教及一切宗教也是如此。基督教提倡谦卑，提倡无抵抗，提倡悲观的人生观，扼杀生命力，更是尼采所痛恨的。

五、重新估量一切价值

尼采本是一个古典语文学家，他在巴塞尔大学做古典语文学的教授。他一生多病，也是“弱者”之一！他的超人哲学虽然带着一点“过屠门而大嚼”的酸味，但他对传统的道德宗教进行肆无忌惮的批评，“重新估量一切价值”，无破不立，思想强劲，的确有很大的破坏功劳。

第四章
演化论哲学

一、达尔文

1872 年第六版的《物种起源》是最后修订本。达尔文在这一版的第 424 页里，加了几句话：

> 前面的几段，以及别处，有几句话，隐隐地说自然学者相信物种是分别创造的。有许多人说我这几句话不对。但我不曾删去，因为保存它们可以记载一个过去时代的事实。此书初版时，普遍的信仰确是如此的。现在情形变了，差不多每个自然学者都承认演化的大原则。

当1859年《物种起源》出版时，赫胥黎在《泰晤士报》上作了一篇有力的书评，最末一节说：

> 达尔文先生最忌空想，就像自然最怕虚空一样（“自然最怕虚空”，一则谚语）。他辛勤地搜求事例，就如同宪法学者搜求例案一样。他提出的原则，都可以用观察与实验来证明。
>
> 他要我们跟着走的路，不是一条用理想的蜘蛛网丝织成的云路，乃是一条用事实砌成的大桥。那么，这座桥可以使我们避开许多知识界的陷阱；把我们引到一个远离陷阱的地方，那是妖艳动人却不生育的魔女——指的是终极原因——设下的陷阱。
>
> 古代寓言里说一个老人临终前，嘱咐他的儿子：“我的儿子，你在这葡萄园里尽情挖掘吧，园子里有宝藏。”他按照老人的话，把园子都挖遍了，还是找不到什么宝藏，不过倒把园地锄遍，那年的葡萄大丰收，他们也发了财。

这一段话最能形容达尔文演化论的真正精髓所在。他对思想史的最大贡献，就是开辟出一种新的实证论精神，任何问题最终都要拿到经验事实面前验证，需要翔实的证据。他打破了追求所谓“终极原因”的方法，使我们能够从实证的角度来解决生物学的根本问题。

二、自然科学背景

1. 顽固的灾变论传统

十六七世纪以来，物理科学进步了，欧洲学术界渐渐知道注重个体的事实与变迁现象。三百年的科学进步，给我们揭示了一个变动的宇宙，让我们形成一种万物皆变的宇宙观。但关于生物、心理、政治等方面，“物种不变”的观念仍然独占优势。偶尔一两个特别有见识的人，如拉马克，又不彻底。

达尔文同时代的地质学者、动物学者、植物学者，都不曾打破“物种不变”的观念。最有名的地质学家莱尔——达尔文的好友——又何尝不知道地球历史上一个时代又一个时代的生物？但他们总以为每一个地质的时代的末期必定有一个大毁坏，把一切生物都消灭掉；然后再重新开始，创造许多新物种。他们始终没有打破传统观念，宗教的创世论观念。

2. 反驳神创论

达尔文不但证明了“物种”是变化的，而且指出“物种”为什么会变化又如何变化，这种思想上的大革命在哲学上产生了几种重要的影响。最明显的是打破有意志的上帝观念。如果一切生物都能随时改变和淘汰不适应生存竞争的变异，求取适应环境的变异，才能适应环境，那就用不着有意志的主宰来预先计划、限定。况且生存的竞争很残酷，若有一个有意志的主宰，为何生物界还会有这种惨剧呢？

当时的大植物学家亚萨·格雷始终坚持上帝主宰的观念。达尔文曾答复他：

> 我看见一只鸟，想吃它，就开枪打死了：这是我有意做的事。一个无罪的人站在树下，触电而死，难道你相信那是上帝有意杀了他吗？有许多人竟然相信，我不信。如果你相信这个，我再问你：当一只燕子吞了一个小虫，难道那也是上帝命定燕子应该在那个时候吞下那只虫子吗？
>
> 我相信触电的人和被吞的小虫是同样的例子。如果人和虫子的死都不是命定的，为什么我们偏要相信他们的“种”生来就是有意设计好的呢？

三、基本观念和对哲学的影响

达尔文的学说在后来的五十年中，逐渐得到证实与修正，这都是五十年间科学史上的材料越来越丰富的缘故，我不必在这里详说了。我现在单说他的演化论的基本观念以及在哲学思想上的影响。

达尔文的主要观念是："物种起源于自然选择，只有生存竞争里最适宜的种族才能保存下来。"

他的几部书只是用无数的证据与事例来证明这个大原则。在哲学史上，这个观念是一个革命的观念；单单书名——《物种起源》——把"物种"和"起源"连在一块，已经是革命的表现。

因为自古代以来，哲学家总以为"物种"是不变的，一成不变就没有"起源"了。例如一粒橡子，渐渐生根发芽，不久满一尺，接着长成小橡树，最后长成大橡树。这虽是很大的变化，但变来变去还只是一株橡树。

橡子不会变成鸭脚树，也不会变成枇杷树。千年前如此，千年后也还如此。

这个变而不变之中，好像有一条规定的路线，好像有一个前定的范围，好像有一个固定的法式。这个法式的范围，亚里士多德叫它作"哀多斯"，译作"形式"。中古的经院学者译作"斯比西斯"，正译为"种"。这个变中不变的"种"的观念，成为欧洲思想史的唯一基本观念。

学者不去研究变的现象，却去寻找现象背后的那个不变的东西。变化的、特殊的、个体的，都受人轻视；哲学家很骄傲地说："那不过是经验，算不上知识。"真知识必定只追求不变的法则，追求那固定的种类，追求终极原因。

这就是亚里士多德的"形式"，即终极原因，也叫第一因，只是哲学家们从未质疑过，这种终极原因能验证出来吗？如果能，怎么验证？具体步骤是什么？如果不能验证，如何获得他人共识？又怎么可能是真理？

四、赫胥黎

1. 著述的主题：不可知论

这种怀疑的态度，五十年来影响了无数的人。当我们这五十年开幕时，"不可知论"还是一个新名词；从1888年到1889年，还有许多卫道的宗教家作论攻击这种"破坏宗教的邪说"，所以赫胥黎不能不正式反驳他们。他那年作了四篇关于不可知论的大文章：

①《论不可知论》；

②《再论不可知论》；

③《不可知论与基督教》；

④《关于灵异事迹的证据的价值》。

此外，他还有许多批评基督教的文字，后来编成两厚册，一册名为《科学与希伯来传说》，一册名为《科学与基督教传说》。这些文章在当时思想界有破旧立新的很大功劳。

2. 科学证据战胜神学启示

基督教在十六、十七世纪时，势力煊赫，影响力还很大，能用权力压迫当时的科学家。伽利略受了刑罚之后，笛卡儿就赶紧把他自己的“宇宙论”毁了。从此以后，科学家往往避开宗教，不敢同它直接冲突。

他们说，科学的对象是物质，宗教的对象是精神，这两个世界互不侵犯。三百年来科学家忍气吞声地“敬宗教而远之”，所以宗教也不侵犯科学的发展。

但是到了达尔文，演进的宇宙观首先和上帝创造的宇宙观起了一个大冲突，于是三百年来互不侵犯的两个世界就不能不宣战了。达尔文的武器只是他三十年中搜集来的证据。三十年搜集的科学证据，打倒了两千年尊崇的宗教传说！这一场大战的结果，证据战胜了传说，遂使科学方法的精神大白于天下。

赫胥黎是达尔文的作战先锋（因为达尔文身体多病，不喜欢纷争），从战场上的经验里认清了科学的唯一武器是证据，所以大声疾呼把这个无敌的武器提出来，叫人们认清事实证据是思想解放和思想革命的唯一工具。

自从这个“拿证据来”的喊声传出以后，世界哲学思想就不能不来个根本的革命——哲学方法上的大革命。于是十九世纪前半叶的哲学实证主义就一变而为十九世纪末期的实用主义了。

3. 演化论的怀疑主义宣言

1860 年 9 月，赫胥黎最钟爱的儿子死了，他的朋友金斯莱写信安慰他，信上提到人生归宿与灵魂不朽两大问题。金斯莱是英国文学家，很注意社会改良，他的人格令人敬佩，所以赫胥黎也很诚恳地答复了他一封几千字的信。这信同时也是怀疑主义的正式宣言，我摘译几段如下：

> 我并不否认，也不承认灵魂不朽。我拿不出什么理由来相信它，但是我也没有法子否证它。……我相信别的东西时，总要有证据；你若能给我同等的证据，我也可以相信灵魂不朽的话了。我又何必不相信呢？比起物理学上“能量不灭”的原则来，灵魂的不灭也算不上什么稀奇的事。
>
> 我们既然知道一块石头落地含有许多奇妙的道理，绝不会因为一个学说有点奇怪就不相信。但是我年纪越大，越认得人生最神圣的举动是口里说出和心里觉得“我相信某事某物是真的”。人生最大的报酬和最重的惩罚都是跟着这一桩举动走的。这个宇宙，到处都一样。如果我遇着解剖学上或生理学上的一个小小困难，必须要严格地不信任一切没有充分证据的

东西，才有可能创出成绩；那么，我对人生奥妙的解决，难道就可以不遵守这种严格的条件吗？用比喻或猜想来同我谈论，是没有用的，我若说，“我信某条数学原理”，我自己知道我说的是什么：够不上这样信仰的，不配做我生命和希望的根据。

科学好像教训我“坐在事实面前像个小孩子一样；要抛弃一切先入的成见；无论‘自然’带你往多么危险的地方去，都要谦卑地跟着走：若不如此，你就绝对学不到什么”。自从我决心冒险实践它的训诫以来，我才觉得心里知足与安静。……

我知道，一百人之中就有九十九人把我叫作“无神论者”，或其他种种不好听的名字。照现在的法律，如果一个最下等的毛贼偷了我的衣服，我在法庭上宣誓起诉是无效的，因为无神论者的宣誓没有法律效力。但是我不得不如此，别人可以叫我种种名字，但总不能把我叫作“说谎的人”。

这种科学的精神，严格地不信任一切没有充分证据的东西，就是赫胥黎说的“不可知论”。不可知论的基本精神是：除非有充足的证据，否则绝不相信未经验证的任何观念。而对宗教上的种种问题持这种态度的，就叫“不可知论者”。

达尔文晚年也自称“不可知论者”。他说：“科学与基督无关，不过科学研究的习惯使人在承认证据一事上格外慎重。我自己不信存在什么‘神启’。至于死后，灵魂是否存在，各人只好自己从矛盾空泛的种种猜想里做判断了。”他又说：“我不能在这些深奥的问题上面贡献一点力量。万物缘起的奥秘，我们无力去解决。我个人只好以不可知论者自居了。”

4. 怀疑主义精神

我们读惯了老子“天地不仁”的话，《列子》的鱼鸟之喻，王充的元气自然论，两千年来，把这种议论只当耳边风，也不觉得达尔文的议论有多重要。但在两千年的基督教权威底下，这种议论的确是革命的议论，何况他还指出无数科学的事实证据呢？

但是达尔文与赫胥黎在哲学方法上最重要的贡献，就是他们的“不可知论”。“不可知论”这个名词，是赫胥黎造出来的，直译为“不可知的”。孔丘说：“知之为知之，不知为不知，是知也。”这话确是“怀疑主义”的一个好解说。但近代科学家还要进一步，他们要问：“怎样的知，才可以算是无疑的知？”赫胥黎说，只有那证据充分的知识，方可信仰，凡没有充分证据的，只可存疑，宣称不可知，不应信仰。这是不可知论的主导观念。

五、斯宾塞

1. 把生物演化论应用到社会科学领域

斯宾塞也是提倡演化论的人，达尔文称他为前辈。然而他对演化论本身，没有多大贡献；他的大功劳在于把进化原则应用到心理学、社会学、人生哲学上去。

他在 1860 年出版了他的《第一原理》，书的前面附有一篇说明，说他接着要发表一部《哲学全书》，全书的顺序如下：

①《原理论》：部甲，不可知的原理。部乙，可知的原理。（如“力的永存”“进化的普遍法则”等）

②《生物学原理》：分二册，六部。

③《心理学原理》：分二册，八部。

④《社会学原理》：分三册，十一部。

⑤《道德学原理》：分二册，六部。

最初买预约券的人名也附在后面，其中有密尔（穆勒）、达尔文、赫胥黎的名字。他这部大书出了 36 年（1860 年至 1896 年）方才出完；中间经过许多经济困难，幸亏他比较高寿，最终完成了他这个宏愿。

2. 万物演化的三阶段论

斯宾塞说万物的演化，分三个时期。第一个时期是积聚。例如太阳系宇宙最初的星气，又如地球初期在星气内成的球形，又如生物初期的营养。第二个时期是分化。就是所谓的“由浑而化”，例如由星气分为各天体，每一天体分为各部分，生物再分为各种构造与功能。这个分化的时期呈现一个分离的趋势，如果有一方面太偏重了，必然陷入瓦解的危险。所以须有第三个时期的安定。安定就是调和分与合，保持一种均衡。但这种均衡的安定不能永久，将来仍旧要重新经过这三个时期的演进。

六、进化论的应用

1. 在生物学上的应用

我们先看生物学上的应用。他说，生命是内部（生理的）关系和外部关系的互相适应。一个生物不但承受外来的感觉，发生一种变化，使他将来对外部环境的适应更胜于未变化之前。种类上，生理变异是外部环境的影响，那种适宜的变异就得到自然的选择，就能生存了。达尔文说这是“自然的选择”，斯宾塞说，不如叫它作“最适者生存”；因为种种生理变化，虽是环境影响，却也是生物应对环境“作用”的积累渐进的结果。

2. 在心理学上的应用

这个观念，应用到心理学上去，就把心的现象也看作“适应”作用。他说，心理生活和生理生活有同样的性质，两种生活都要使内部关系和外部关系互相适应。从前的人把“意识”说得太微妙了，其实意识也是一种适应。人接受的印象太多了，不能不把它们排列成一种次序。凡是神经的作用，排成顺序以便适应外面的境地的，就是意识。斯宾塞把意识看作一种适应，这个观念后来影响了现代的新派心理学。

3. 在社会学上的应用

在人心行为的方面，斯宾塞也有重大贡献。他用适应和不适应来说明行为的善恶。刀子割得快，是“好”刀子；手枪发得远、放得准，是“好”手枪；房子给我们适当的庇护和安逸，是“好”房子；雨伞不能遮雨，是“坏”雨伞；皮靴透进水来，是“坏”皮靴。

人的行为好坏，也是如此。有些行为没有目的，没有目的便没有好坏可说，便不存在道德问题。凡有目的的行为，都是要适应那个目的。

“我们区分行为的好坏，总是看他能否适应他的目的。”斯宾塞又拿这个观念来说行为进化；他说，幼稚的行为是不完全的适应行为，行为越进化，目的与动作的互相适应程度就越完备严密。他这种行为论，在最近三十年的道德观念和教育学说上都有不小的影响。

第五章
晚近的两个哲学支流

这一章名为“晚近的两个哲学支流”。我也知道“支流”两个字一定会引起许多人的不平。但我个人观察十九世纪中叶以来的世界思潮，不能不承认达尔文、赫胥黎一派的思想是哲学界的新纪元。

自从他们提出新实证主义，第一个时期是破坏的，打倒宗教权威，解放人类思想。所以我们把赫胥黎的怀疑主义特别提出来，代表第一时期的思想革命。许多哲学史家都不提赫胥黎，这是大错的。

他们只认得那些奥妙的“哲学家的问题”，不认得惊天动地的“人的问题”！如果他们稍有一点历史眼光，就应该知道2500年的思想史中，没有一次思想革命比1860年到1890年的思想革命更激烈。一部哲学史，康德占四十页，达尔文只有一个名字，而赫胥黎连名字都没有，那绝不能使我心服的。

第二个时期是新实证主义的建设时期：演化论的思想侵入哲学的所有领域，实证精神变成了自觉的思想方法，于是有实用主义的哲学。

这两个时期是这五六十年间哲学思潮的两个大浪。但在这汹涌的新潮流之中，我们还可以看出一些回波，一些支派，其中旧浪漫主义的回波，我们说过了（第二章）。现在单叙最近三十年中的两个支流：一个是法国柏格森的新浪漫主义，一个是英美两国的新唯实主义。

一、法国——新浪漫主义——柏格森

实证主义——无论旧的新的——都信仰科学。科学家的基本信条是承认人的智慧能力。科学家的流弊往往在于过分相信理智，容易偏向极端的理智主义，而忽略同样重要的意志和情感，柏格森恰恰在别人忽视的地方，做了非常深入的探索。

所以在思想史上，往往理智的颂赞正在高唱时，便有反理智主义的喊声起来了。在旧实证主义的大本营里，我们早就看见孔德的哲学最终成了孔德的宗教。在新实证主义的大本营里，实用主义大师詹姆斯也早已提出意志的尊严向赫胥黎们抗议了（见上章）。同时法国哲学家柏格森也提出一种很高昂的反理智主义的抗议。

1. 反理智主义

柏格森不承认科学与逻辑可以使我们知道“实在”的真相。科学的对象只是那些僵死的糟粕，只是静止不变的、可以推测预料的东西。在静止的世界里，没有个性，没有生命，科学与逻辑却很有用。一旦涉及运动的世界，事物都变化、生长、活动——那古板的科学与逻辑就不中用了。

然而人的理智偏不安本分，非要用死法子去看待活事实；硬把鲜活的事实看作僵死的世界；硬说静止的是本体，运动的是幻象；静止的真，而变动的假。科学家的理想宇宙是一个静止的宇宙。科学的方法把流动不息的时间都转换成空间关系，都转化成数量和机械关系。这样的方法不能了解“实在”的真相。

2. 直觉

柏格森说，只有“直觉”可以真正了解“实在”。直觉就是生命的自觉。这个宇宙本来就是活的，有一种向前创造的力——柏格森称为“生命冲力”——不断的生活，不息的创造。这种生生不息的创造，持续不断的变迁，绝不能用空间关系来记载分析，这种生命的涌动才是一种真正的时间，是“绵延”。这种真正的时间，这种“实在”，理智不能了解。只有不可言说的直觉能把握它。

3. 创造进化论

柏格森也有一种进化论，叫作“创造的进化”。这种学说假定一个二元的起源：死的、被动的物质；活的、能动的“生命冲力”。生命只是这个原始冲力在物质上的作用趋势。这个原始冲力是生物演化的总原因。它在种子里，一代传一代，保留过去的经验，不断地向前创造，就像滚雪球一样，每滚一次就加上一些新的部分。

这个冲力的趋势，是多方面的、不定的、不可捉摸的。生命冲力在各个方面，时刻都在改变构造，造成形体上的变异；变异到很显著时，就成了新种类。它造成的结果，虽很歧异、五花十色，其实也只遵循一种单一倾向，即生命的冲力。

二、两个例子：眼睛和铁屑桶的比喻

1. 眼睛的进化

我们拿动物的眼睛为例。从一只苍蝇的眼到人的眼，构造繁简不同；但每一种动物的眼自有其统一的组织；各个部分虽然很复杂，但都有一个单一的“看”的作用。机械论的生物学者只能用外部环境的影响，来解释这一副灵妙繁复的机器是如何逐渐形成的，但他们不能说明为何眼睛的各个微细部分能够协调呼应。

至于目的论者用一个造物主的意志来解释，就更不能令人满意了。柏格森用原始的生命冲力来解释；因为有“看”的冲力，看的冲力在物质上起到一种单一作用，单一的作用自然产生统一协调的构造。生命冲力扩展的范围越大、深入的程度越深，眼睛的构造也就越精密。但每一个构造——从最低等到最高等——各自都是一个统一完备的组织系统。

2. 铁屑桶的比喻

柏格森又用一个很浅近的比喻来说明演化的过程。假如我们把一只手伸到一桶铁屑里去，伸到一个地位，挤紧了，不能再进去了；那时铁屑自然挤压成一种固定的形态，这种固定的形式，实际上就是伸进去的手和手腕静止下来的形态。假如我们看不见伸进铁屑桶的手，那么，我们一定会想出种种借口来解释铁屑的形态：有些人说，每一粒铁屑的位置只是四周铁屑运动的结果，这是机械论；有些人说，这里面肯定存在一个目的计划，这是目的论。

但是我们要说明的是一系列不可分析的动作，手伸进铁屑的动作。这个动作所达到的地方，铁屑起到一种消极的阻力作用，当两者达到均衡，就形成手和铁屑僵持不下的静止状态。眼睛的演化正是如此。

3. 评价

柏格森批评机械式的演化论，眼光独到。但是，他的积极贡献，却仅仅来自一种盲目的冲动。五十年来，生物学对哲学的贡献，只有“适应环境”这个观念。这个观念在哲学界的最大作用，并不在于解释机械论思维，而在于指出积极的、创造的适应力，而这也正是人类应当努力的方向。

所谓创造的适应，并不局限于只依靠理智的作用，更不依赖形式化的数学方法。近代科学思想早已承认“直觉”在思维上的重要位置，只是，不能用实验来验证“直觉”以及它的功能，终究是个缺陷，直觉还是不能摆脱“假设”的嫌疑。

大到科学发明，小到日用推理，都不是仅凭形式逻辑或机械分析就包办的。根据经验的启示，从鲜活经验里涌现出来的直觉，是创造性智慧的主要成分，但这不等于说，我们试读近代科学家像法国彭加勒的《科学与假设》，和近代哲学家像杜威的《创造的智慧》，就能明白柏格森的反理智主义近于“无的放矢”了。

三、英美新唯实主义

1. 主要代表人物

最近实用主义的态度虽然早已脱离主观唯心论的范围，

但它把经验当作一种适应，把真理看作假设，把知识看成工具，把证实视为真理的唯一标准，都带有很浓厚的唯名论色彩。英国一派的实用主义——席勒的人本主义——唯心论的色彩更多。

在这个时候，英国、美国的新唯实主义的兴起，自然是很可以注意的现象。英国方面，有罗素等；美国方面，有霍尔特、马文等。霍尔特和马文等六位教授在1910年发表了一个联名宣言，名为《六个唯实论者的第一次宣言》；1912年又出了一部合著的书，名为《新唯实主义》。

2. 对共相实在性的三种解答

近年最后一个学派是新唯实主义。"唯实主义"的历史长得很。中古时代，哲学家争论"共相"的实在性，就产生了三种答案：

①名相的实在，是在物之先的；未有物时，先已有名相了。这一派名为柏拉图派唯实论。

②名相不能超于物先；名相即在物之中。这一派名为亚里士多德派唯实论。

③名相不过是物的名称；不能在物之先，也不在物之中，乃是有物之后方才起的。这一派名为唯名论。

3. 近代的唯名唯实之争

中古以后，哲学史上的纷争总离不开这三大系的趋势。唯名论又名“假名论”，因为它不承认名相是实在的，只把名相当作人为的称谓。《杨朱篇》说“名无实，实无名。名者，伪而已矣”。所以，唯实论其实承认名相真实，而唯名论则是“无名论”。

英国一系的经验哲学大多是唯名论的代表；大陆理性哲学是唯实论的代表。所以极端的唯心论出自英国经验学派，而大陆理性派的大师笛卡儿则是一个唯物论者！这种怪异的事实，我们若不明白中古以来唯实唯名分歧的背景，是不容易理解的。

四、马文：知识的对象到底是什么

1．“心”与知识的对象

我们先引述新唯实主义者的第一次宣言来说明新唯实论的意义。他们说：

唯实论主张：有没有物与认识无关；能认识与否，能经验与否，能感觉与否，都与事物存在与否无关；有没有物，并不取决于这种事实。六个唯实论者之中，马文教授于1917年出了一部《欧洲哲学史》，书的末篇第七章专论新唯实主义。我们略采他的话来说明这一派的历史地位。

马文说：“知识的直接对象是心的呢，还是非心的呢？是精神的，还是物质的呢？”针对这个问题，共有四种答案：

①笛卡儿以来的二元论者说，科学能推知一个物的（非心的）世界。

②不可知论的现象主义者说，科学只能知道五官所接触的世界，此外便什么都不知道了。

③唯心论者，包括主观唯心论者和客观唯心论者，彻底推翻二元论，根本不承认有什么超越经验的物质世界。

④新唯实论者说我们必须跳过笛卡儿，跳过希腊哲学，重新研究什么是“心的”“精神的”，重新研究知识与对象的关系。

新唯实论者批评前三派，共有两大理由：

第一，笛卡儿的二元论和他引发的主观主义，有了三百年历史的试验，结果只是不能成立的种种理论，仍旧不能解决笛卡儿当时提出的“心物关系”的老问题。这一层，我们不细述了。

第二，这种二元论和他对“心的”的见解，都是从希腊思想里出来的。希腊思想假定两个重要观念：一个是“本体”观念，一个是“因果”观念。这两个观念，在近代科学里都不存在了，所以我们现在应该用现代科学做根据，重新研究什么是“心的”“精神的”。

2. 取消心物关系问题

心与物怎样相互作用呢?

关于这个问题，我们不会把它们看作互为因果的两种本体，只需找出两个变量之间的函数关系。这些关系都可以用实验研究寻找出来，都不需要用空想的理论去辩驳。这些关系都是可以观察的，并不是什么不可知的本体。这样一来，心物关系的老问题就全没有了。

五、驳斥两个观念

希腊思想假定两个重要观念：一个是“本体”的观念，一个是“因果”的观念。这两个观念在近代科学里都不能存在了，所以我们现在应该用现代科学作根据，重新研究什么是“心的”。这第二层，确是很重要的，故我们引马文的话来说明：

> 自从伽利略以来，科学渐渐脱离“原因”的观念，渐渐用数学上的“函数”的观念来代替。……例如圆周之长，就是半径的函数，圆半径加减时，圆周同时有同等程度的加减；又如杠杆上的压力，就是杠杆定点的函数。……函数只是数学上用来表示同等互变的两个变量之间的关系。……科学进步以来，所谓“原因”都变成这种函数关系：
>
> 我们研究自然越精确，这些函数关系就越明显，野蛮幼稚的思想里那种“原因”和“力”越不容易见效。“自然”成了一个无穷复杂的蛛网，蛛丝就是

数学所谓的“函数”。

依科学看来，物之所以成物，之所以有它的特别作用、特性，全因为它的构造。假如我们还要问什么是构造，科学说，构造就是组织，就是各部分间的关系。这个太阳系的宇宙之所以如此运行，之所以有它的特性，全是因为它的组织结构。

吹烟成圈，吹笛成音……都只是指出，事物的本性不过是其构造的假象。近代科学渐渐地抛弃“本体”观念和搜求本体的意志了。化学家也渐渐知道，他的所谓“原子”并不是所谓的“元素”，只是组织不同的物质。

六、马文论“心”：生物学的解答

马文又说新唯实主义者论“心”的主张：

人心并不是一个最后的、不可分析的东西，也绝不是一个本体。心有一个构造，现在渐渐研究出来了。心有各部分，因为疾病可以损害一部分，而不能损害别的部分；教育可以改变一些部分，而不能改变另一些部分。……至少有一部分已经有了说明了。

1．生物学的说明

这种说明的内容，大多是生物学的说明。我们的肢体配合我们的环境，我们的心也是如此。我们的肢体是遗传的，心的特性也是遗传的。我们的筋力正适合做种种伸缩运动，我们也有冲动、愉快、欲望等来引起相当的筋力伸缩。心的某种特性多用了，那种特性就会格外发展；不用它，它就萎弱了。

2．神经生理学的说明

总而言之，神经系统的生理学渐渐地使我们明白心的作用、心的发展、心的训练。科学研究心越进步了，心和物的关系越来越密切了，一直以来的心物二元论也就越显得没有道理了。

关于“知识”的作用，新唯实论者也认为就一种“关系”。它们也受到生物学的影响，把这种关系看作“生物的一种反应”。马文说：

> 知识这件事并不是什么不可思议的作用，它不过是这个世界里的一件平常事实，正和风吹石落一样；它也很容易研究，正和自然界里的一切复杂事实一样。……知识不过是一种复杂的行为，复杂的反应。……我们的神经系统不适于应付整个世界，我们

所有那些生成的或学来的反应，自然很不完全。错误就是这种不完全的反应。

以上为新唯实论者的基本主张。

3. 新唯实论的局限

他们对历史上因袭下来的“哲学家的问题”，虽不像实用主义者干脆“不了了之”，但他们的解决办法的确也很精到。但我们看新唯实论者的著作，总不免有一种失望情绪：他们到底还是跳不出那些“哲学家的问题”的圈子。

七、罗素：哲学方法论必须是科学的哲学的科学方法论

新唯实论者自命深得科学方法的精髓，自以为自己的哲学建筑在科学方法之上；然而他们所谓“哲学的科学方法”究竟是什么？关于这个问题，英国的唯实论者罗素说得最多，我们请他来答复，罗素在《哲学的科学方法》里曾说：

第一，一个哲学的命题必须是普遍的。它一定不能谈论地球上的事物，也不可谈论这个太阳系所处的宇宙，更不可谈论空间和时间的任何部分。……我主张的是：有一些普遍的命题可以适用于一切个

体，例如逻辑学命题。……我要提倡的哲学可以叫作“逻辑原子论”，或叫作“绝对多元论”，因为它一方面承认存在多种多样的事物，另一方面又否认由许多事物组成的全体。……

第二，哲学命题必须是先天的。一个哲学命题一定不能用经验上的证据来证实，也不能用经验证据来否证。……无论这个实在世界是怎样组成的，哲学说的话始终为真。假如我们用这两个标准来评价哲学，那么，几千年来就不曾有哲学。况且他们的“科学方法”，也实在是奇怪得很！

八、逻辑的适用范围

罗素说哲学同“逻辑”无别，而逻辑只管两部分的事：

1. 普遍原理

逻辑只管一些普遍原理，这些原理可用于事物，而不必举出某一物、某种谓词，或某种关系。例如：“假如X是A类的一员，而所有A类的各员都是B类的一员，则X是B类的一员，无论X、A、B是什么。”

2. 逻辑形式

它只负责分析“逻辑形式”，列举实例。这种形式，就是命题的所有可能的种类，各种分离的组合的事实，各自归类的分子。这样去做，逻辑就给我们提供了一本清单，列举种种“可能”，列举种种抽象的假设。现在先不说这样缩小哲学范围是否正当。

九、逻辑的任务

1. 普遍原理来自经验证据

我们要质疑，如果科学不过问“经验证据”，又从哪里得来那些“普遍原理”？他们说，必须用分析。然而分析是很高等的知识运用层次，是经验知识进步到很高程度的时代产物，并不是先天的。人类从无数“经验证据”才获得今日的分析方法，得到今日许多“逻辑规则”，我们怎么能说“哲学命题不能用经验证据来证实或否证呢”，这似乎有点说不过去吧？

2. 怎样把哲学应用到人生问题上

观察我们这个时代的要求，不能不承认今日人类的最大责任与最迫切的需要就是把科学方法应用到人生问题上。然而罗素的“哲学的科学方法”却说哲学命题“切不可谈论地球上的事物，也不可谈论空间或时间”。依他所说，哲学就只有一些空洞的形式，“可以适用于一切个别事物”。

假如人生社会的问题果然能有数学问题那样简单划一，

假如几个普遍适用的逻辑规则，例如“X=A，A=B，所以X=B”，如果这个逻辑规则真能解决人生问题，我们也可以跟着罗素走。但这种纯粹“形式的哲学方法”，斯宾诺莎在他的《笛卡儿哲学原理》和《人生哲学》里早已用过而失败了。罗素提倡这种运用科学方法的哲学，然而他近几年谈到社会问题、政治问题，不再只依靠“不谈论地球上的事物而可以适用于一切个别事物”的先天原则了。

十、罗素的个人主义气质

罗素在牛津大学演讲《哲学的科学方法》时，正是1914年；那年欧战开始，罗素的社会政治哲学也开始了。我们读罗素的政论，读他反对国家主义与共产主义的言论，处处可见罗素哲学方法的影子。那个影子是什么呢？就是他的个人主义天性。

他反对强权，反对国家干涉个人自由，反对婚姻制度，反对共产主义，反对国家社会主义，所有这些都只是他个人主义天性的表现。他的哲学，“逻辑原子论”或“绝对多元论”“一方面承认事物的存在是多样的，另一方面又否认由许多事物组成的全体”，其实这只是他的个人主义的哲学方式。与其说罗素的哲学方法产生个人主义的政治哲学，不如说他的个人主义天性影响了他的哲学方法。

同一个数学方法，哪位哲学家只看见数学“只认全体不问个体”？——康德。哪位哲学家虽然看见数学“只认形式不问内容”，却始终只承认个体而不承认由个体组成的全体？——罗素。这种表面上的矛盾，其实骨子里就是个人天性的区别。

十一、小结

对新唯实主义，我们总结：他们想用近代科学的结果来解决哲学史上流传下来的哲学问题，不得不让人佩服他们的雄心；但是极端地重分析而轻综合，重“哲学家的问题”而轻“人的问题”，甚至像罗素说的那样，不许哲学谈论地球上的事物，不许拿经验证据来证实或否证哲学命题，这就太依赖个人资质，而不能代表时代的哲学。

第六章
政治哲学

放任主义

一、政治哲学的三大变迁

这五十年中的政治哲学很有几个重大的变迁：①从放任主义转变为干涉主义；②从个人主义国家观转变为集体主义国家观；③从一元主权论转变为多元主权论。

二、贝尔克

按照贝尔克所说：自 1848 年到 1880 年是放任主义盛行的时代。放任主义有两层意思：对内，把政府活动的范围缩到最小的限度；对外，实行自由贸易的政策。

三、斯宾塞

这时斯宾塞有两部代表个人主义的最重要著作问世：一是《社会的静力学》(1850)，一是《个人与国家》(1885)。但是放任主义的命运似乎已经走到穷途末路了。

国家主义

文学家如卡莱尔、罗斯金等，都想把社会的生活放在伟人的领导和军政组织之下，这种理想就是放任主义的对头。1870年福斯特已经制成国家干涉教育的条例，1880年格林在牛津讲演“政治义务的原理”。1880年以后，社会主义盛行。激烈的社会主义者，如马克思一派极力主张阶级斗争，主张国家必须排除侵犯个人自由的障碍。稳健的社会主义者如英国费宾斯，又极力主张改革。这两派的主张虽然不同，但有一个共同之点：都想把经济生活完全放在国家或社会的支配之下。

贝尔克说得好：

> 1864年，所有不信任国家的人都是正统派，所有

信任政府干涉的人都是异端；到1914年，所有信任国家的人都是正统派，而所有趋向无政府主义的人都成了异端。这是从放任主义转变为干涉主义的明证。

一、个人与国家

个人主义大概都以为国家只是孤立的个人集合体，在个人之外不能不注重群体结合。边沁一派虽然赞成工会，但他们只承认工会是达到个人自由竞争的一种方法。近五十年来，学者对群体的观念和从前很不同。

近来的学者如贝尔克、柯尔、福莱特等都认定国家的基础不是孤立的个人，而是群体、团体或社群。这些社群，正如丝丝相扣的网子，这条线连到那条线，没有一条线不与别条线发生关系。

福莱特在她的《新国家》中说：十九世纪的法理学（如个人权利、个人契约、个人自由之类）都是建立在孤立个人的旧观念上。她的著作，就想打破这种个人观念的谬说，极力说明社群的意志和感情。她的平民政治就是在互相关联的个人基础上建立起来的。

二、联群的个人

1. 贝尔克

如果我们要是现在的个人主义者，我们就是联群的个人主义者。我们的个人正在结合成群。我们不要再作《个人与国家》的书，只作《联群与国家》的书。现在联邦主义盛行，一般人都以为单一国享有唯一主权，这是一种错误的见解，跟生活实际不相符。我们认为，每个国家多少总还是联合的社会，包括许多不同的人群、不同的教会、不同的经济组织，每个团体都可以行使对团员的支配权。

联合主义的感情异常普及。新社会主义已经丢开独受中央支配的集权主义方法，在行会名义之下结成社群。它承认国家是生产工具的主人，要求把工具的使用权托付给各种同业行会管理之下；想教国家来鼓励文化，要求由行会管理经济生活。

2. 柯尔

柯尔也这样主张。他想打破以个人为单位的代表制，改为以职业团体为单位的代表制；想打破国家集权学说，代以行会集权的学说。所以现在的国家是联合而成的联邦国家，现在的文明是社群产生的文明；从前个人主义者心目中赤条条的个人，早已不在当今政治哲学家的心目之中。（以上是高一涵先

生作的，以下是张慰慈先生作的）

三、两种主权论

现今政治哲学方面最重要的争点就是主权论。

主权论的学说共有两种：一元说和多元说的主权论。

1. 一元主权论首倡者布丹

一元主权论由布丹首创。封建时代末期，欧洲时局纷扰动乱，贵族与贵族争，贵族与国王争，国王又与教皇争，社会纷乱现象达到极点，人民生命财产毫无保障，国家差不多陷于无政府状态的危险境地。

所以必须有一个强有力的君主出来，才能救人民于水火，拯社会于沉溺。国王权力扩张，实在是当时的社会需要。专制君主政体最先在法国实现，所以阐释新制度的学说也发源于法国。

2. 一元主权论

一元主权论是一般政治学者早已承认的学说，它把主权看作国家至高无上的统治权。依据一元主权论的学说，国家是社会的政治组织，有强制执行其意志的权力。那强制执行的权力就叫主权，就是政治组织的根本基础。这一种政治组织的特质有四种：

①有一定的土地，在此之内，国家对各种人民或人群均有绝对权力。

②统一——在一国之内，只有一个主权。

③主权是绝对的、无限制的、不可让弃的、不能分割的。

④个人自由发源于国家，由国家保障。

主张一元说的学者，总是极力强调国家对人民或人群的直接绝对的支配权力。他们说：无论在什么地方，一元总是比多元先被发现。所有的多元都来自一元，归纳于一元。所以要有秩序，就必须把多元置于一元之下。如果一元没有管理多元之权，引导多元达到其目的，多元的公共事业就不能做起来。统一是万物的基础，所以也是各种社会生存的基础。

民主主义

民主主义发展以后，人民对主权的态度，虽经历一次改变，但一元主权论的根本观念仍旧存在。十八世纪以后的主权论只不过用“人民”这个名词代替了“君主”。不过那时所谓“人民”也绝不是包括全体人民，只是中等社会阶层以上的人民；所谓民权、民意也只不过是中等社会阶层人的权利、意志。中等社会阶层因为工业革命而得到财产，又因为财产所有权而得到政权。他们有了金钱，什么事都容易做到。

在各国政府里，这一阶级的人占据极优越的地位，所以他们的目的只是维持社会秩序，保有自己的社会政治地位。方法就是把国家抬高，把法律看作人民的公共意志，把主权当作国家的政治基础。

但是近年来，社会上的情形又不同了，劳工阶级、无产阶级都要求社会给他们公平待遇；但是国家法律，差不多全是为中级社会阶层而设的法律，政府机关也在社会中层人民手中，劳工阶级和无产阶级确实不能依靠社会上固有的学说、制度，来达到他们所要求的“公平”，所以一元主权论就遭到一部分人民的攻击。

多元主权论

主张多元主权论的健将要推法国的狄格和英国的拉斯基两个人。他们绝对不承认国家是社会中至高无上的组织，绝不是高出其余组织之上。他们说：

> 人民在社会之中，组织各种各样的团体，有宗教团体，有文化团体，有社交团体，有经济团体；有教会，有银行清算联合会，有医学会，有工业联合会。凡是有利害关系之处，人民总是群聚起来，组成一个团体。

人民对种种团体，也和他们对国家同样地尽心尽力，同样地服从。照拉斯基说，这多元社会观，否认一元社会、一元国家。……凡与人民相接触的无数团体都能影响人民的举动，不过我们万不能说人民本身就因而被那种团体吞噬了。社会的作用只有一种，这种作用可以用种种方法解释，可用种种方法达到目的。

这样分析起来，国家只不过是人类社会中的一种团体。国家目的不一定就和社会的目的合拍；犹如教会的，或工团联合的目的，不一定就是社会的目的。那种团体自然有种种关系，由国家管理的团体并不因此就在国家权力之下。国家权力的至高无上完全是一种错误的想象。

在道德作用方面，教会不在国家之下。在法律作用方面，国家的至尊地位是误以为“国家就是社会”的结果。我们如果注重国家的内容，一元说的错误就显而易见了。国家是统治者和被统治者共同组织的社会，国家的至尊地位当然有种种限制：

①国家只能在其职权范围内不受外界限制；

②只有在那种未经人民抗议的职权范围内，国家才有最高执行权力。

政权与社会管理

除去学理方面的攻击，还有许多从事实方面攻击以一元说主权理论为根据的政治运动。这种种运动的目的，或者极力提倡社会各团体的权利，使之免受国家侵犯；或者想把政治管理权分配到各种职业之中，使各种职业有一定范围的自治权力；或者再用别的方法，设立一种分权的政治制度。

在英国、法国，有种种势力极大的运动，目的都是想从根本上改造现今的政治制度；改造方法或从组织方面入手，使国内各种职业、各种利益团体均有派出政治代表的权利，分享政治的权力；或从职权方面入手，把国家权力分出一部分，由各地方机关执行。

至于那种种运动的性质不在这篇文章的范围内，故不叙述。

我们单把这些运动的名称列举如下：

①职业代表制度；

②行政方面的分权；

③地方分权的趋势；

④行会社会主义；

⑤工团主义。

这都是从一元主权论到多元主权论的明证。（以上是张慰慈先生作的）

工具主义的政治哲学

统观这几十年的政治思想的变迁，有几点不可不做说明。

1. 从放任主义到干涉主义，从不信任国家到信任国家

近年来的趋势，要求国家把政治管理权分给地方，分给各种职业，这并不和“信任国家”的趋势相反。十八世纪和十九世纪前半期的放任主义，只是智识阶级对当时政府不满意的表示。政府不配干涉，偏爱干涉，所以弄得很糟，引起人民“别干涉我们”的呼声。

十九世纪中叶以后，欧洲政治稍稍革新，人民干政的范围大扩张，大陆上国家社会主义的干涉政策成效大显，人民对国家的信任也渐渐增加。但十九世纪的政治学说到底还只是中等阶级的政治。

到了近几年，小资产阶级与无产阶级渐渐勃兴起来，团体稳固，势力成形。它们不信任建立于资产阶级之上的集权政府，而是要求一个给地方和职业分权的政府。它们的运动，并不是不信任国家，而是要求一个更能代表人民意志和利益的国家；不是无政府的运动，而是一种改善政府组织的运动。

2. 多元主义的政治学说，并不是个人主义的复活，乃是个人主义的修正

凡是个人主义者，无论古今中外，都有一个共同特点：一方面只承认个人，另一方面也承认空洞的“大我”“人类”；他们否认的只是介于“人类”与“我”之间的种种关系，如家庭、国家之类。他们不愿意受到那些关系的束缚，所以想象出种种“天赋人权”当作反抗的武器。

一元主义的政治学说早已指出他们的谬误。一元主义说，“权利”是法律的产儿，没有社会的承认和法律的保障，哪有权利可说？一元主义的话虽有理，但不能让个人主义者心服。

多元主义的政治哲学虽然不否认个人，但也不承认个人是孤立的；多元主义不但不否认家庭国家的真实，还指出个人与人类之间存在无数“重皮叠板”的关系。你在家是一个儿子，在宗教是一个浸礼会会员，是职业民党的党员，是妇女参政运动会的会计，又是一个中华民国的国民。你在每一个团体里，有权利，也有义务；受影响，也影响别人；受管理，也管理别人。国家不过是种种人类社会的一种，公民的权利义务不过是种种人类关系的一种。所以贝尔克说：如果我们是现代个人主义者，那我们就是集体的个人主义者。所以当前的政治问题不是斯宾塞说的“个人对抗国家”的问题，而是贝尔克说的“群体对抗国家”的问题。

3. 现在的政治思想为什么不反抗“干涉主义”

十八世纪的几块大招牌，“自由”“平等”，到了十九世纪的下半期，反而变成资产阶级的挡箭牌了。工人要求政府干涉资本家，要求取缔工厂，改善劳工待遇的立法，资本家便说这是剥夺他们营业的“自由”，便说这种劳动立法是特殊阶级的立法，是违背“平等”原则的。放任主义的政治造成了有力阶级压制无力阶级的政治！所以赫胥黎批评斯宾塞的放任主义，把它叫作“政治虚无主义”。

现代思想之所以不反抗干涉主义，正因为大家渐渐明白政治机关是为人民谋福利的一种重要工具。这个工具用得恰当，可以保障社会弱者，限制社会强暴，维持多数人民的自由，维持社会相当程度的平等。

所以，现代政府强迫儿童入学而父母不反抗，强制执行八小时工作制而工厂主不反对，禁止儿童做工而不为剥夺做工自由，抽富人所得税至百之五十以上而不为不平等。所以现代的政治问题不是如何限制政府权限的问题，而是如何运用这个重要工具来谋求最大多数人的福利的问题。所以，我们与其沿用容易遭人误会的“干涉主义”，不如改用“政治工具主义”。

实用主义的政治哲学

一、公义即权利

今天所要说的，是西方政治哲学的“权利”观念。换一句话说，就是“公义”。

但是我们今天不用“公义”二字的原故，是“公义”二字，在政治哲学上用得太宽泛，所以用“权利”替代。权利就是“公义”，讲“公义”必先从权利着手，这一层是与政治哲学相关的地方。“权利”本是法律名词，用在一个人上或一个团体上，施行或应用，全是法律和政治学上的权利观念。如果就个人应有的权利来说，就涉及道德。

很难对权利的观念下一个准确的解释。但它至少含有两层意义：

①权利，绝不是某个阶层单独占有的；

②权利，也不能由某种更高的阶层施予。

某种阶级和某种地位所独占的权利，是一时权利，过此时代，仍然没有。至于在上的人给予的恩惠，全以高高在上者的意志为转移，随时给予，随时收回。权利不是这样。

照权利观念的进化说，无论什么人都不能侵犯权利，也不能收回，它是人人应有，谈不上取予。不管地位高低，金钱多少，年岁大小，性别或宗教信仰。

所有人都有生命的权利，在社会上不能无故受他人的残害或侵犯。若有残害或侵犯，社会就要惩罚侵犯权利的人。人人对自己的名誉，都有一种权利。不能无故受人损毁，有人传播无根据的谣言，败坏他人名誉，社会就会制裁败坏他名誉的人。个人名誉的权利，是他人不得无故损毁的。但是个人要求别人看得起他、尊敬他，这不能算是权利，这是私人交际和道德。不能因为别人不恭敬他、藐视他，就要求法律干涉，这绝对办不到。

法律以公义为目的，公义就是法律。公义，就是尊重别人的权利。但与道德上的公义不同。道德公义无制裁；法律公义，有保障有惩罚。比如一个人在道德上想做好人或恶人，别人不能干涉。法律上的公义，则含有“不能不”“不得不”之意。

二、英国权利观念的三个层次

英国政治史，是争权利的历史。他们所争的权利，可分为三种：

①生命的权利；

②财产的权利；

③法律上公平审判的权利。

生命的权利，是个人完全拥有他的生命，不能无故被他人侵害。

财产的权利，是个人财产不能随便遭到损坏或侵夺。就是国家征收租税，也是要经过人民选出来的代表议会通过后，方能按数征收。第三种权利，如果没有法律上公平审判的权利，前两种是没有保障的。英、美两国的权利观念，将个人权利明白列举，在法律上规定下来，并且制定出法律上的程序，具体说明，不是徒托空言。英国把权利在法律上明白规定出来，美国则把权利变成普遍的、平等的。

平等不能照个人的财产、气力，这些当然不平等，是天然的、非人为的。法律上一切平等，要以人为的法律平等，来补救天然的不平等，使天然的不平等不至于发生过分的不平等。只有这样，社会上强欺弱、智欺愚的事，才不会发生。

三、政治个人主义的三个要点

西方政治上的个人主义有三个要点：

第一点，英、美的法律承认个人在政治上有某种权利。

这种权利，是根据法律获得的。政治上法律上的“个人”，就是凭着这种权利，才能够是“个人”，无权利即无个人。个人不至于被家庭、社会、群体埋没，也全凭这种权利，所以权利即个人。

第二点，个人维护个人自己，就是权利。

英、美的权利根本的观念，是个人维持个人的权利，个人求个人的权利，不请他人或社会帮助，这是英、美法系同大陆法系不同的要点。比如德国的街道上到处有“禁止”字样，英、美没有。

英、美人由个人去争取个人的权利，也有流弊，流弊就是倔强的、竞争的社会氛围。当然这也是英、美人的特长，我们不能不承认。

第三点，政府的功能就是维护个人权利。

英、美两国政治不认为政府是统治的、管辖的，而是把政府视为维持个人权利的工具。换句话说，英、美政治认为个人自由第一，治安秩序第二。政府最要紧的任务，不是维持治安，而是保障个人的自由权利。德国系的政治制度，是将维持治安当作第一要务，保障个人的自由则是第二位的。英、美政府维持个人自由，就是把维持治安的责任，放到每个人自己身上。人人尊重彼此的权利，承认彼此的自由，这就是维持治安。

政治上的权利，最大的是选举权，人民可以选举议员、官吏，或当选为议员、官吏。这是政治权利的扩张。但政治权利的扩张，有产生效力的，也有不产生效力的。首先保障个人的生命、财产、居住、言论等自由权利，之后再来扩张政治上的权利。

第三篇

当代哲学　实用主义

第一章
皮尔斯——实用主义的肇始者

一、观念的意义在于产生实际效果

我们在前文说，美国人莱特要把达尔文的学说和一般的哲学研究连贯起来。这个莱特在美国剑桥办了一个“哲学学会”，这个会就是实用主义的发源之地。会员皮尔斯（1839—1914）在 1873 年做了一篇《科学逻辑的说明》，这篇文章共分六章，第二章是《如何能使我们的思想清楚明白》。

这两个标题都很引人注意，在这里我们可以看出实用主义最初的宗旨，是用科学方法把我们所有的思想、观念、概念讲明白，弄清楚。

皮尔斯是一个大科学家，他的方法是一种“科学实验室的态度”，用一种思想所能产生的效果来评判这种思想的价值。

他说 :“无论你对一个实验科学家讲什么，他总要验证一下，看看是不是能产生效果。你对他讲的任何观点，他都默认 : 只要实验一下，就一定会产生某种效果。否则，他就不知道你在说什么。”皮尔斯平生只遵守这个态度，所以，他认为 :

> 一个观念的意义，完全取决于那个观念在人的行动上所产生的效果。凡实验不出什么效果来的东西，必定不能影响人的行动。不管承不承认某种观念，我们都能找到它各自产生的不同效果，那就得到这个观念的全部意义了。除了这些效果之外，没有别的意义。这就是我所主张的实用主义，更准确地说，是“实效主义”。

他这一段话的意思是说，一切有意义的思想都会发生实际效果。这种效果就是思想的意义。若问思想有无意义或有什么意义，只要得到思想所能产生的实际效果 ; 只要问若承认这种思想有什么效果，不承认又有什么效果。如果不论承不承认这种思想，都不发生什么影响，都没有实际分别，不产生任何实际效果，那就可以说，这个思想全无意义，不过是胡说的废话。

皮尔斯又说 :

> 任何一个命题的意义都在于将来。为什么呢？因为一个命题的意义还只是一个命题，只是概念上的，它的最终价值只体现在，把原有命题转换成另一种直接运用到人的行动上的样式。

“实验科学的态度”力求把一切观念、概念、名词、学说和观点表达清楚，能不能表达清楚取决于能不能通过实验的检验，检验的目的就是确定会不会产生实际效果。不能通过检验，不能应用，任何命题都没有意义。

此外，另外一个关键是：

> 一个命题的意义，就是它所指出的适用于一切现象的实效准则。

这话怎么讲呢？我举两个例子。譬如说“砒霜是有毒的”。这个命题的意义只是概念上的。例如“砒霜吃不得”，或“吃了砒霜会死”，或“你千万不要吃砒霜”。这三个命题都只是“砒霜有毒”一个命题所涵盖的同等效果的现象。后三个命题，就是前一个命题翻译出来的应用公式，即这个命题的真正意义。又如，“沉闷的空气有害卫生健康”和“这屋里都是沉闷的空气”。这两个命题的意义，就是叫你“赶快打开窗子，换换新鲜空气”！

二、观念的意义在于使我们养成习惯

皮尔斯的学说，不但把一切观念的意义都归结到那个观念所能产生的效果，而且还认定，一切观念的意义，就是观念为我们指明的应该养成的习惯。“闷空气有害卫生健康”这个观念的意义，在于它能使我们养成常常开窗、更换新鲜空气的习惯。

“运动有益身体”这个观念的意义，在于它能使我们养成经常运动健身的习惯。科学的目的只是要给我们许多合理可行的行动方法，使我们相信这种方法，并养成讲理的习惯。这是科学家的知行合一说。这就是皮尔斯的实用主义。

三、皮尔斯的实用主义——一种新哲学方法论

皮尔斯的实用主义只是一种方法论，为了突出方法性，与詹姆斯区分开，皮尔斯更愿意自称“实效主义者”。我们在上章曾指出赫胥黎的存疑主义或不可知论是一种思想方法，他的要点在于注重证据。对一切迷信传说，他只有一个作战的武器，“拿出证据来”。这个态度，是科学的态度，但只是科学方法的一面，只是消极的方面。

赫胥黎不明白科学方法在思想上的完全含义。何以见得

呢？赫胥黎的《论文》的第一卷，大多是论科学成就的文章，他自己还提了一个总目，叫“方法与结果”。另外写一篇小序，说本卷第四篇说的是笛卡儿指出的科学判断必不可少的条件；其余八篇说的都是笛卡儿的方法应用到各方面的结果。

但笛卡儿的方法只是一个“疑”字，只强调了普遍怀疑；赫胥黎指出笛卡儿的方法，就是不相信一切不够清楚明白的命题，他只是把一个“疑”字从罪过的地位提升为一种责任。

赫胥黎认清了这个“疑”字是科学精神的核心，他们当时又正处在四面受敌不能不战的处境，所以他的方法消极的部分居多，还不能算是完全皮尔斯的实用主义，才把科学方法积极消极两方面的含义都发挥出来，因而成为一种哲学方法论。在积极方面，皮尔斯指出“实效”作为标准：“一个观念的意义完全取决于那个观念在人生行为上产生的效果。承不承认这个观念，各自产生什么效果，弄清效果的不同，我们就得到了这个观念的全部意义。”在消极方面，他指出实验不出什么效果的东西，都没有意义。这个标准，比笛卡儿的“明白”“清楚”两个标准更厉害。

第二章
詹姆斯——实用主义的继承者

一、信仰的意志决定思想方法

皮尔斯的文章是 1877 年出版的，当时的人都不很注意他。直到二十年后，詹姆斯（1842—1910）用他的文学天才把这个主义渐渐地传播出来，那时候机会也比较成熟了，所以这个主义不久就风行全球。

但詹姆斯是富于宗教心性的人。他虽是实用主义的宣传者，但他的性情和实用主义有点合不来，皮尔斯的方法论到了他手上被无限扩大，应用到一切领域，包括宗教。他在 1896 年发表了一篇《信仰的意志和其他通俗哲学论文》，也叫《信仰的意志》，书中反对赫胥黎一班人的不可知论。

二、驳斥赫胥黎的不可知论

赫胥黎最重证据，和他同时代的有一位少年科学家克里福德，也极力拥护科学的怀疑主义态度，攻击宗教。克里福德虽然死得很早（死时只有三十多岁），但他的《论文与讲演集》至今还有人阅读，他有一段话如下：

> 如果一个人为了自己的快慰，就相信一些不曾证实、不曾质疑的命题，那就是侮辱信仰。……没有充分证据的信仰，即使能产生愉快，那种愉快也是偷来的。……我们对人类的责任，就是要防止这样的盲信，如同躲避瘟疫，不要自己染了瘟疫还传染全城的人。……无论何时、何地、何人，凡是没有充分证据的信仰，总是错的。

这种宣言，詹姆斯很不满意；他就引述过来作为《信仰的意志》的出发点。他很诙谐地指出事事求“客观证据”是不可能的，客观的证据、客观的确定性，的确是很好的理想。但是在这个月光笼罩、梦幻常存的星球上，到哪里去寻找它们呢？……互相矛盾的意见曾经自夸有客观证据，不知有过多少种，但没有一种证据算得上是客观的证据。

> “有一个上帝”——“上帝是没有的”；“心外的物质世界是可以直接得知的”——“心只能知道属于自己的观念”；“有一种无条件的道德命令”——“道德成为义务是欲望的结果”；“人人有一个长在的心灵”——“只有起灭无常的心境，没有什么不变的心灵”；“因果是无穷的”——“有一个最终的、不能再追溯的原因”；“一切都是必然的”——“不是只有必然，也存在自由”；……

三、驳斥克里福德的信仰态度

詹姆斯对“怀疑一切”这种观念也抱有怀疑，他认为，回想自古以来把客观证据的教条应用到人身上的，最惊人的莫如教会的异端审判所。我们想到这一层，就不怎么高兴恭听那客观证据的话了。克里福德先生很有才气，但对客观证据近乎顽固的态度，似乎表明他没能弄清真理和谬误的界限：

> 我不同意克里福德的话。我们必须记住，对真理与谬误的责任心，其实都是我们情感生活的表现。……说“宁可永无信仰，不可信仰诳话”的人，不过表明他太怕上当罢了。也许他能抑制自己的许多

欲望和畏惧；但这种怕上当的畏惧，却让他变得奴隶般顺从。

至于我呢，我也怕上当；但我相信人在这个世界比上当更坏的事多着呢！所以克里福德的教训在我耳朵里有一种很疯狂的声音，像一个将军训斥他的士兵，"宁愿完全不打仗，不可冒险受伤"。战胜敌人与战胜自然，都不是这样得来的。我们的错误绝不是了不起的什么大事。在这个世界上，无论怎样小心，错误还是不能避免，倒不如把心放宽点，胆儿放大点。

四、信仰的取舍需要情感

接着，詹姆斯表明自己的态度：

有时候，有些信仰的取舍不能全靠知识来决断；此时，必须把情感方面的天性拿出来作决断。如果此时说"不要决断，还是存疑吧"，那就只是一种情感上的决断，可能还有同样的危险——失去真理。

他拿宗教问题举例：

怀疑态度仍旧免不了这个难关；因为宗教如果是假的，你固然可以避免上当；但宗教若是真的，你岂不吃亏了吗？怀疑的危险，岂不同信仰一样吗？（信仰时，若宗教是真的，固占便宜；若是假的，便上当了。）譬如你爱上了一个女子，但不能断定现在的天使将来会不会变成母夜叉，你难道因此就永远迟疑不向她求婚了吗？

詹姆斯明明白白地宣言：

假如宗教是真的，只要证据还不充分，我就不愿意把你的冷水浇在我的热烈天性上，因而抛弃我一生可以赌赢的唯一机会，——这个机会只靠我愿意冒险去做，在情感上，我对世界的宗教态度毕竟不错。这就是“信仰的意志”。

这个态度是一种赌博的态度：宗教若是假的，信仰的上当，怀疑的可以幸免；但宗教若是真的，信仰的便占便宜，怀疑的便吃亏了。信仰与怀疑，两边都要冒点险。

但是人类意志大都偏爱占便宜，就同赌博的人明知可输可赢，然而他总想赢不想输。

赫胥黎一派的科学说："输赢没有把握，还是不赌为妙。"詹姆斯笑他们胆小，他说："不赌哪会赢？我愿意赌，我就赌，我就大胆地去赌，我只当不会输！"

詹姆斯的实用主义，实则出自对皮尔斯验证方法的过度发挥，他没有像皮尔斯那样严格地划分信念和事实，而是把经验事实、客观证据等都归结到信念、信仰的名目之下。因而，在詹姆斯的哲学里，不存在什么我相信的东西和客观事实上的东西，只有我所信仰的各种不同的东西。

五、社会改良

由于对信仰和事实的混同态度，詹姆斯的实用主义只指向"我想得到什么"，而不问"事实能给我什么"。他关注的是我的信仰能给我带来什么实际用处，而不问信仰真假问题；信仰无所谓真假，只有能带来用处的和不能带来用处的。

他这种态度，也有独到的精神。他说：

> 假如那创世的上帝对你说：
>
> 我要造一个世界，说不定可以救赎你们。这个世界要做到完美无缺，必须靠每个分子各尽其能。我给你一个机会，请你加入这个世界。但我不担保这个世界

平安无事。这个世界是一种真正的冒险事业，危险很多，但是也许有最后胜利。这是真正的社会互助工作。你愿意跟来吗？你对你自己，和那些旁的工人，有那么多的信心冒这个险吗？

假如上帝这样问你、邀请你，你当真怕这个世界不安稳而不敢去吗？你当真宁愿躲在睡梦里不肯出头吗？

这是詹姆斯“改良主义”的挑战书。詹姆斯要我们大着胆子接受这个最后通牒，提倡社会改良，相信经过改良的社会一定会更好。他很嘲笑那些退缩的懦夫，那些静坐派的懦夫。

“我知道有些人不愿意去。他们觉得那个世界要用奋斗去换平安，这是没道理的事。……他们不敢相信机会。他们想寻找一个世界，可以歇肩，可以抱住爹爹的头颈，就此被吹到那无穷无极的生命里面，好像一滴水滴在大海里。这种平安清福，不过只是免去人世经验的种种烦恼。

“佛家的涅槃，其实只不过免去了尘世的无穷冒险。那些印度人，那些佛教徒，其实只是一班懦夫。他们怕经验，怕生活。……他们听见了多元的淑世主义，听见社会必将越来越好的信念，牙齿都打战了，心也吓得冰冷。

“我吗？我愿意承认这个世界是真正危险的，必须要冒险；我绝不退缩，绝不说‘我不干了’！”

詹姆斯社会改良的态度，实用主义的信仰，最终落实下来，就是行动哲学。不问经验事实怎么样，也不问客观证据有多少，更不问如何为自己的信仰论证辩护，只要能产生需要的效果，科学和宗教没有区别。

六、唯意志论的实用主义

詹姆斯哲学有他的精彩之处，但终不免太偏向意志，意志主义色彩太浓重了，容易被一般宗教家利用，拿去为宗教辩护。实用主义本来是一种方法，一种评判观念与信仰的方法；到了詹姆斯手里，方法变得宽松了，评判方法的标准不依照科学，只看有没有用，因而就成了一种辩护信仰的方法。正如他说的：

依实用主义的道德看来，如果“上帝”那个假设有令人满意的功用，上帝的假设就是真的。

把皮尔斯的方法这样活用很危险。所以，皮尔斯很不以为然，觉得“实用主义”这个名字被詹姆斯用糟了，他把“实用主义”这个名词完全让给詹姆斯一派带有意志主义色彩的实用主义者，而他自己另造一个字“实效”来表明他的“实效主义”态度。杜威也不赞成詹姆斯的意志主义，所以他不用“实用主义”，而是自称“工具主义”，又称“实验主义”。

只有英国席勒一派的“人本主义”，名称虽不同，精神上却和詹姆斯最接近。席勒把希腊的智术师当作自己的思想远祖，他引用普罗泰格拉的名言“人是万物的尺度”来解释人本主义：如果事物能对人的行动产生实际影响，它就是存在的，否则就不存在。席勒的解释，未免牵强附会，普罗泰格拉的书早就不传世，即便他的断言残片可信，也不能仅凭只言片语就把智术师的言论变成实用主义宣言，把“人是万物的尺度”理解成“效果是万物的尺度”，没有经过严格的实验验证。

第三章
杜威——实用主义的集大成者

实用主义的根基——理性和经验

一、“经验”含义的变迁

杜威在他的新著《哲学的改造》（1920）里说，我们现在且看从古代生活到近代生活，“经验”本身遭遇了哪些变化。在柏拉图眼里，经验只是服从过去，服从习惯。经验差不多等于习俗——不是理性造的，也不是用“心”造的，只是无意识的惯例相习成风。所以在柏拉图眼里，只有“理性”可以解放我们，不让我们再做盲从习俗的奴隶。

到了培根和他那一派的哲学家，我们就可以看到一个奇怪的翻案。理性和他手下的许多抽象观念倒变成守旧拘迂的分子，经验却变成解放的动力了。在培根一派眼里，经验指新分子，使我们不再拘守旧习惯，替我们发现新的事实与真理。相信经验，非但不因循守旧，反而产生谋求进步的努力。

培根之后，英国经验主义走进死胡同，他们认定：经验＝感觉，并且是一束束零碎的感觉；大陆理性派则另造一个“理性”去整合感觉。表面看来，两派的争论很激烈，势不两立，实际上他们在互相配合着，把经验从生活剥离出来，变成无法验证的东西，再把理性从经验剥离出来，变成根本不需要验证的东西。再向后，从康德开始的古典哲学就是顺着这条思路，让经验、实验、效果和生活环境完全脱离关系。

这个古今的差异，由于大家熟视无睹，反而显得格外引人注意。这一定是因为人生实在的经验起了一种具体的重大变化。人们对“经验”的见解是跟着实际经验来的，是仿照实际经验的。

当希腊的数学和其他理性科学发达的时候，科学学理不曾影响到日常经验。科学只是孤立的，离开人事的，从外面加入的。医术算是含有最多的实证知识，但医术还只是一种技术，不曾成为科学。况且当时各种实用技术也没有有意地发明、有目的地改良。匠人只知道模仿流传下来的模型；不依老样式做，往往退步。技术进步，或者是无意地逐渐衍变出来的，或者一时兴至、偶然创出的一种新形式。既然没有自觉的方法，只好归功于神助了。

在社会政术方面，像柏拉图那样的彻底改革家，只认为现有弊病都是因为缺乏可以仿效的范型。匠人制器，尚有范型可以依据，而社会、国家里反而没有这种范型。哲学家应该提供这种范型；确立范型之后，就应该得到宗教的尊崇、艺术的装点、教育的灌输、行政官的执行，总要使它们一成不变。

杜威如何解释经验？经验 = 生活 = 应对环境。应对环境的生活就是经验。杜威不问经验是不是客观的，只问能不能拿来应对环境。生物演化在应对环境，人发现困难解决问题也是在应对环境。因此，到了杜威这里，经验的含义就是：帮助人顺利适应环境的工具。

二、对“经验”的五种错误理解

杜威指出，传统哲学唯名唯实的争论，唯心唯物的争论，经验理性的争论，都因为没有弄清“经验”到底是什么。在对经验的理解上，传统哲学存在五种错误：

①把经验当成知识。以实用主义来看，经验只是人和自然环境、社会环境发生的一切关联事项，谈不上是知识。

②经验属于心性。认为经验就等于主观性，完全忽视经验

本就是一个客观世界，人在这个客观世界里造成的一切反应与回馈，就促成了经验。

③经验，仅仅是对过去的记载。杜威不同意，鲜活的经验应该带有实验性，应该能改观现有的形式，联系未来。

④经验，只属于孤立的个体，不包含关联的含义。杜威把经验看作应对环境的活动，一切关联就自然进入经验之中，经验中容纳了诸多关系。

⑤经验和推论完全无关。传统哲学谈到推论，一定是跳出经验之外的；实用主义讲推论，还是放在经验之内，经验已经包含无数的推论。

纠正这五种错误，经验的真实含义就显露出来了：经验是向前的、推论的、预测未来、应对未来的创造活动。

三、经验、实验与理性

实验科学的发达，使人们能主宰环境：这本不用再详说。但这种主宰和旧日的经验观不相容，然而人们常常忽略这一层，所以我们不能不指出：经验从“经验的”变为“实验的”，随即发生一种重大改变。

从前用过去的经验，人们只不过造就一些习惯，供后人盲目地服从或轻率地废弃。现在人们从旧经验里寻找到目的和方法来发展新的更好的经验。所以，经验竟然能积极地主宰自己了。

诗人莎士比亚曾说“没有什么办法改善‘自然’，‘自然’自己就能提供办法”。他对“自然”的说法同样适用于“经验”。我们不用专抄老文章，也不必直到事情变化了，才迫使我们变化。我们用过去的经验创造更好的未来新经验。经验本身就含有它用来改善自己的程序了。

所以，“理性”并不是外加在经验上的东西。它是经验所显示，必须依靠经验来证实的；但它又可以从种种发明里用来扩充经验，使经验格外丰富。……康德哲学里的“理性”，是用来介绍普遍性与秩序条理到经验里去的：

> 那种“理性”，在我们现在看起来，用不着了；那不过是一班中了古代形式主义和烦琐术语之毒的人捏造出来的。我们只要过去经验里出来的一些具体意思，——依据现在的需要，渐渐发展成熟，用来做具体改造的目的与方法；并且用适应事业的成败来实验，就足够了。这些从经验出来，积极地用在新目的上的种种意思，就叫作“智慧”。

杜威在这段里指出古人今人对“经验”的态度所以不

同，正因为古人今人实际的经验确实已大不相同了。古人的经验是被动的、守旧的、盲目的，所以古代哲学崇拜理性而轻视经验。今人的经验，因为受了实验科学的影响，是主动地支配自然，是进取地求革新，是有意识地计划与实验，所以培根以来，有许多哲学家推崇经验而攻击理性及其附属物。

四、取消未经验证的虚假问题

但人们还是不肯轻易打破他们磕头膜拜过的偶像，总想保存一个超越经验之上而主导经验的“理性”。这是两千年来欧洲哲学史的一个总纲领。杜威指出，我们根本用不着康德们捏造出来的那个理性。活用经验，就是理性，就是智慧，此外再没有什么别的理性。人遇到困难时，他自然要寻求应对的方法；此时，他过去的经验知识里，应需要的征召，涌出一些提示来。

经验好像一个检察官，用当前的需要做标准，一项一项地把这些提示都审查一遍，把不相干的都发放回去，只留下一个最中用的；再用当前的需要做试金石，让那个留下的假设去实地试验，用实验的成败确定它的价值。这一长串连贯的作用，从感觉困难到解决困难，都只是经验的活用。

若说“既有作用，必还有一个作用者”，于是去建立一个主导经验的理性，就是一种老把戏：为宇宙确立一个主宰宇宙的上帝！

杜威的这个中心观念，把哲学史上种种疑难问题，经验与理性、感觉与理智、个别与共相、事与理等的二元分立，都解决了。他在《创造的智慧》里，曾说：

> 认识上的进步有两条道路。有时候，旧观念不必改变太多，更不必完全抛弃，只需扩大范围，精密研究，知识也就增加了。有时候，知识的增加只要变换性质，不要增加数量。人心觉得有些老问题实在不值得讨论，从前火热的讨论，现在退凉了；从前很迫切的兴趣，现在冷淡了。人们的道路改了一个方向，从前的困难，现在都不成问题；从前不注意的问题，现在倒变大了。那些老问题未必就解决了，但他们也用不着解决。

杜威觉得哲学史上有许多问题都是哲学家作茧自缚的问题，本来就不成问题，比如辩证法，根本就无法验证，与科学无关，过去没有定论，现在更用不着解决。我们不必过问。他说：

如果哲学不再纠结那些“哲学家的问题”，如果哲学解决“人的问题”，并发展出一套相应的哲学方法，那么哲学复兴的日子就到了。

五、工具论的实用主义

现在单说杜威的工具主义。杜威始终认为实用主义是一种方法论，所以，他最初只发挥实用主义逻辑的一面，这种逻辑他叫作“工具逻辑”，后来也叫作“实验逻辑”。1907 年，詹姆斯出了一部书，叫《实用主义》，他想把皮尔斯、杜威、席勒，以及欧洲学者奥斯特瓦尔德、马赫的学说都贯穿在一块，看作一个哲学大运动。

这书谈形而上学，谈知识论，也谈常识；论真理，论宇宙，也论宗教。杜威觉得，他这种大规模的综合有危险，所以他做了一篇最恳切的批评，叫作《实用主义所谓“实用”是什么》，后来成为他的《实验逻辑的论文》的一篇。杜威把詹姆斯论实用主义的话，概括起来，作为实用主义的三个意义：

第一，实用主义是一种方法；
第二，是一种真理论；
第三，是一种实在论。

杜威引詹姆斯的话来说明这三项：

1. 甲——方法论

詹姆斯总结实用主义的方法，是“要把注意点从最先的事物移到最后的事物；从通则移到事实，从范畴移到效果”。而且这种转移非常彻底，效果、信仰统摄了范畴、事实，只要能带来预期的效果，能够达到实际的用处，就是个好方法，并且只有这样它才是个好方法。

杜威在方法论上走得更远，只认可经验事实，只把思想的实际效果作为评判的标准，绝不生造抽象的词汇，绝不空谈修辞式的议论。杜威的方法可分为两个层次：历史的和实验的。

历史的方法：杜威认为，任何一种观念、思想甚至制度，都处在中间状态，一边是原因，另一边是效果。这样就能指出一种学说的历史背景、如何发生，平允公正；也能按照效果，评判它的价值如何。

实验的方法则要求：

①从具体的事实和情境入手，免去毫无意义的假问题；

②把一切学说思想只当成有待验证的假设；

③必须通过实验验证来确认是否有价值，避免天马行空的冥想。

2. 乙——真理论

凡是真理我们都能消化受用，能考验，能用旁证证明，能稽核查实；简言之，真理都是工具。假的都不能如此。如果一个观念能把我们的一部分经验引到另一部分经验，连贯得满意，办理得妥帖，把复杂的变简单，把繁难的变容易。——如果这个观念能做到这种地步，它就含有更多的真理。过去的真理适用于现在，因为不能通过目前的检验，过去能帮我们达到目的，现在却不能，真理的工具功能丧失，也就失去了效果，不再是真理。

3. 丙——实在论

“实在”有三部分的含义：旧有的真理；感觉；感觉之间或观念之间的关系。实用主义关注第三个含义，它最能表达实用主义对实在“未完成”这一特征的界定。所谓实在论，就是如何使观念间的关系逐渐完成的应对环境的活动。

理性主义以为实在是现成的、永远完备的；实用主义则以为，实在还在制造之中，将来造成什么样子就是什么样子，不存在固定的形态，它有可能制造成任何形态。实在好比一块大理石到了我们手里，完全由我们决定雕成什么样子。真理能不能成立，完全由我们来评判，不能做真理的奴隶。

杜威自我标榜具有一种实验的态度，在他眼里，一切的思想、知识、经验，都是生活的工具。每一个人过去的和现在的所有经验，都是为将来的生活提供帮助的工具。所有的思想，圣贤的金科玉律，都不过是工具，它们必须能解决问题，提供一些暗示、联想或者假设。因此，实验主义的关键在于，只从事实上寻找真理，验证手中的工具是否帮助自己更好地适应了环境，培养创造的智慧，做真理的主人。

思想是应对困难的工具

一、困难是思想的动机

杜威自己著的书，如《我们如何思想》《实验逻辑的论文》都特别注重思想的工具作用。怎样是“工具的作用”呢？

杜威说：

> 我们手上的大问题是：怎样应对外界变迁才可以使这些变迁朝着对我们将来的活动有益的方向走。……生活全在于能管理环境。生命活动必须把周围的变迁一一转换过来：使有害势力变成无害势力；使无害势力变成帮助我们的势力。

这种生活就是经验。经验完全是一种“应对行动”；思想知识就是应付未来的重要工具。哲学家向来不明白经验的真正性质，有些人特别注重感觉，只把细碎散漫的感觉当作经验的要义；有些人特别注重理性，以为细碎的感觉之上还应该有一个综合组织的理性。前者属于经验主义，后者属于理性主义。

近代生物学和心理学发达的结果，使我们明白这种纷争是不必要的。杜威指出感觉和推理都是生活经验的一部分。平常的习惯动作，例如散步、读小说、睡觉，本没有什么段落可分；假如散步到一个三岔路口，不知道哪一条是归路，那就不能不用思想；又如读书读到一处忽然上下不相接，读不下去了，那就又不能不用思考的功夫。这种疑难境地就是思想的境地，困难就是思想的动机，"是思想的挑战书"。感觉困难，我们就去搜求解决困难之法，这就是思想。

二、应对环境有高低程度的不同

杜威哲学的基本观念是："经验即生活，生活即应对环境"；但是应对环境有高低程度的不同。

许多蛆在粪窖里滚去滚来，滚到墙壁，转弯子，这也是应对环境。一个蜜蜂飞进屋里打几个回旋，"嗤"的一声直飞向玻璃窗上，头碰玻璃，跌倒在地；它挣扎起来，还向玻璃窗上飞，这一回小心了，不会碰破头；它飞到玻璃上，爬来爬去，想找出一条路：它的"指南针"只是光线，并不懂这透明的玻璃为什么同透明的空气不一样。为什么飞不出去？这也是应对环境。

一个人出去探险，走进一个无边无际的大树林里，迷了路，走不出来了。他爬上树顶，用望远镜四面观望，也看不出一条出路。他坐下来仔细一想，忽然听见远处有流水的声音；他忽然想起水流必定出山，人跟着水走，必定可以走出去。主意已定，他先到水边，跟着水走，果然走出了危险。这也是应付环境。

以上三种应付环境，高低程度不同，是由于智识的程度不同。蛆应付环境，完全是无意识的作用；蜜蜂能利用光线的指导找到出路，已经算是有意识的作用了，但它不懂得光线有时未必就是出路的记号，所以碰着玻璃就遇到困难了；人是有智识能思想的动物，所以他迷路时，不慌不忙地爬上树顶，取出望远镜，寻找溪流，跟着水路出去。人之所以尊贵，正是因为人有这种应付环境的高级思想能力。

因此，杜威认为，“知识思想是人应对环境的工具”。知识思想是一种人生日用必不可少的工具，并不是哲学家的玩意儿和奢侈品。总括一句话，杜威哲学的最大目的，就是要使人类养成“创造的智慧”，使人绰绰有余地应对种种环境。换句话说，杜威的哲学的最大目的是使人获得创造的思想力。

三、杜威的思想论

思想究竟是什么呢?

第一，戏台上说的“思想起来，好不伤惨人也”，那个“思想”是回想，是追想，不是杜威所说的“思想”。

第二，平常人说的“你不要胡思乱想”，那种“思想”是“妄想”，也不是杜威所说的“思想”。

杜威说的思想是用已知的事物作根据，据以推测另外一种事物或真理的作用。这种作用，在逻辑学上叫“推论的作用”。推论的作用只是从已知推断出未知的事物，用已知的作根据，让人合乎逻辑地推导出未知的。这种作用，是有根据有条理的思想作用。这才是杜威所指的“思想”。

四、思想的两大特性

第一，必须先有一种疑难困惑的情境做起点。

第二，必须有思考搜索的作用，要找出新事物或新知识，来解决这种疑难困惑。

上文所举那个在树林中迷路的人，他在树林里东行西走，迷失方向找不到出路，这就是一种疑难困惑的情境。这是第一个条件。那迷路的人爬上树顶远望，或者取出望远镜观察，辨认方向；或者找到水流，跟着水流出山，这都是思考搜索的作用。这是第二个条件。

这两个条件都很重要。每个人都知道“思考搜索”很重要，但是很少有人知道疑难的境地也是一个不可缺少的条件。因为我们平常的动作，如吃饭呼吸之类，大多是不用思想的动作；有时偶尔有思想，也不过是东鳞西爪地胡思乱想。直到疑难发生时，才发生思想推断的作用。有了疑难的问题，就有思想的目的，以及这个目的如何解决这个困难。

有了这个目的，此时的思考就都朝着这个目的方向上去，也就不是无目的的胡思乱想了。所以杜威说：“疑难的问题，决定思想的目的；思想的目的，决定思想的进行。”

五、实用主义的三种应用

但杜威指出实用主义虽有这三种意义，其实还只是一种方法论。他把方法论再分析出来，指出它的三种应用：①用来规定事物的意义；②用来规定观念的意义；③用来规定一切信仰的意义。

1. 甲——事物的意义

詹姆斯引德国大化学家奥斯特瓦尔德的话：“任何事物所带给人的行动的一切影响，就是事物的意义。”他自己也说：

“若要使我们心中事物的观念清楚，只需问这个事物能产生何种实际影响——只需问产生什么感觉，我们对它起何种反作用。”譬如说“沉闷的空气”，它的意义在于，它对呼吸的关系和我们开窗换空气产生的效果。

2. 乙——观念的意义

我们如果要规定一个观念的意义，只要使这个观念在我们的经验以内发生作用。把这个观念当作一种工具用，看它在自然界能发生什么变化、什么影响。一个观念就像一张支票，上面写明可支付若干效果；如果这个自然银行见了这张支票，即刻如数兑现，那么，支票就是真的，观念也是真的。观念在实验主义者这里，只是假设，它还必须经过验证，当证实观念不只是假设，观念就获得了它的意义，即产生实际效果。

3. 丙——信仰的意义

信仰包括事物与观念两种，不过信仰所包含的意义是众所公认的，观念或事物经过验证就成为信仰，但信仰并非一成不变，验证也不是一次完成就万事大吉。若要确定这种观念或事物的意义，只需问：“如果这种学说真，那种学说假，对人生可有什么实际分别吗？”“如果无论真假都没有区别，那就证明这种表面不同的观念其实都一样，一切争执都是废话。”

以上是杜威从詹姆斯书里搜罗出来的方法论，不过，已经加上他自己的理解和诠释。

六、思想的五个步骤

当搜求解决的方法时，我们的经验知识都成了供给资料的库藏。从这库藏里涌出来几个略有启发的主意，我们一一选择，斥退那些不适用的，留下最适用的主意。这个主意此时还只是一种假设的解决法；它必须确实能解决当前的困难，必须实验过，方能证实解决。解决之后，动作继续进行；散步的继续散步，读书的继续读书，又回到顺适的境地了。

仔细分析起来，凡是有条理的思想，大概都可以分作五步。

1. 感觉到困难

这第一步是思想的起点，也是思想的来源，所有的思想都源自碰到困难的问题。思想是人类应对环境的工具，人类的生活若处处没有障碍，时时方便如意，那就用不着思想了。但是人生活的环境，常有更换，常有变迁。遇到新奇的局面，遇到不曾习惯的事物，从前那种习惯的生活方法就都不中用了。

譬如看中国白话小说，看到正高兴的时候，忽然碰着一段难懂的话，自然产生一种疑难。譬如迷了路的人，走来走去，走不出去，平时的走路本事，都不中用了。到了这种境地，就会思考："这句话怎么理解呢？""这个大树林的出路怎么寻得出呢？”“这件事怎么办呢？”“这可如何是好呢？”这些疑问，就是思想的起点。

一切有用的思想，都来自一个疑问。一切科学的发明，都起源于实际上或思想界里的疑难困惑。宋朝的程颐说：“学源于思。”这话固然不错，但是空洞地讲“思”，没有什么用处。他应该说“学源于思，思起于疑”，疑难才是思想的第一步。

2. 找出疑难点究竟在什么地方

认清困难的障碍在哪一点，仔细分析困难，确定困难出在什么地方，这个困难是什么性质。有些疑难很容易指定，例如人迷了路，他的问题就是怎么寻找到一条脱险的出路，这是很容易理解的。但是有许多疑难，我们虽然觉得是疑难，但一时间却不容易指出疑难问题究竟出在什么地方。

杜威以为，确定疑难究竟出在什么地方，这一步是很重要的。这一步就像中医的“把脉”、西医的“诊断”一样重要。你请一个医生来看病，你告诉他，说你有点头痛、发热、肚痛……昨天吃了两只螃蟹，又喝了一杯冰激凌，大概是伤了食。这是你胡乱猜想的话，不大靠得住。那位医生如果是一位好医生，他一定不理睬你说了什么。他先看你的舌苔，把你的脉，看你的气色，问你肚子哪个地方痛，体温如何……然后下一个“诊断”，断定你究竟病在什么地方。若不如此，他就是犯了武断的毛病。

3. 涌现有启发帮助的观念，提出种种假定的解决办法

这一步也叫提示或暗示，这个阶段，必须调用过去的一切经验知识，寻找可能提供帮助的想法。既然认定疑难出在什么地方了，稍有经验的人，自然会从所有的经验、知识、学问里面，提出种种解决方法。

例如迷路的人要有一条出路，他的经验告诉他，爬上树顶去望望看，这是第一个解决法。这个法子不行，他又取出望远镜来，四面远望，这是第二个解决法。这个法子又不行，他的经验告诉他远远的哗啦哗啦的声音是流水声；他的学问又告诉他说，水流必有出路，人跟着水走一定能找到一条出路。这是第三个解决法。这都是假定的解决法。

这些假定的解决法，是思想最要紧的一部分。我们说某人能思想，其实只是说某人能随时提出种种假定来解决遇到的困难。但是我们不可忘记，这些假设的解决，都是从经验学问上产生出来的。没有经验学问，绝没有这些假设的解决。有了学问，若不能提出解决疑难的假设，那就成了吃饭的书橱，有学问等于无学问。经验学问之所以可贵，正因为它们可以提供解决这些假设的材料。

4. 评判各种可能有效的解决，确定哪一个解决方案最适用

在所有的提示中，评判一下可行性，找到最有可能解决当前难题的提示，接着假定一个方案。有时候，一个疑难的问题能引起好几个假设的解决办法。

比如上文迷路的例子，有三种假设；一句《墨子》有两种解法。思想的人，同时遇到几种解决法时，应该把每种假设包含的意义，一一推演出来：如果用这种假设，应该有什么结果？这种结果是否能解决所遇的疑难？如果某种假设，比较起来最能解决困难，我们就采用这种解决。如果按照这种假设能解决疑难，那就应该采用这种假设。

5. 证实（就是解决困难）

这一步是思想的终点，最终确认假设是否为真，一旦确认，假设就成了真理，提示也就变成合适的工具。第四步所采用的解决法，还只是假定的，究竟是否真实可靠，还不能确定下来，必须有实际的检验证明，才可以让人相信；如果不能证实，就不能让人相信，只能算一种假定。已证实的假设，能使人相信，自然就成了"真理"。

如迷路的人，跟着水流，果然脱离了危险，他那个假设便成了真正适用的解决办法了。这种证明比较容易。有时候，一种假设不容易证明，这种假设的证明所需要的条件不容易达到，必须特地制造出一些条件，才可以验证那种假设的是非。凡科学上的证明，大概都是这一种，我们叫作"实验"。

譬如科学家伽利略观察抽气筒能使水升高至三十四英

尺[1]，但是不能再升上去了。他心想这个大概是因为空气有重量、有压力，所以水不能上去了。这是一个假设，不曾证实。他的弟子托里拆利认为，如果水升至三十四英尺是空气压力所致，那么，水银比水重十二又十分之六倍，只能升高到三十英寸[2]。他试验起来，果然不错。那时伽利略已死。

后来又有一位哲学家帕斯卡提出假设，如果托里拆利的气压说不错，那么，山顶上的空气应该比山脚下的空气稀薄。拿了水银管子上山，水银应该下降。所以他叫他的亲戚拿了一管水银上山，水银果然逐渐下低，到山顶时水银比平地要低三寸。于是从前的假设，就成了科学的真理了。思想的结果，到了这个地步，不但可以解决面前的疑难，简直是发明真理，供后人使用，功用更大。

七、小结

在这五步里，何止细碎的感觉？哪有什么超越经验的理性？从第一步感觉困难起，到最后一步解决困难止，步步都是一段经验的一个小部分，都是“适应作用”的一个小段落。这五个步骤包含了归纳法和演绎法。第一、二两步是归纳法：注

---

① 1英尺≈0.3048米，下同。

② 1英寸≈0.0254米，下同

重事实，从事实中找出困难，发现问题。第三步到第五步是演绎法：相当于大前提，小前提，结论。因此，思想方法绝不仅仅是形式上的，它面对的是真切的困难、鲜活的问题，以及清晰的实验验证程序。

杜威认为，无论什么知识、思想或者学说，都必须能够控制和改进经验，使将来的经验比现在的经验更令人满意，更适合应对环境。所谓实用主义，只是科学方法在哲学上的应用。

八、对思想的五个步骤的几点说明

①思想的起点是实际上的困难，因为要解决这种困难，所以要思想；思想的结果，疑难解决了，实际上的活动照常进行；有了这番思想作用，经验更丰富一些，以后应对疑难境地的本领就更增长一些。思想起于应用，终于应用；思想是运用从前的经验，来帮助现在的生活，更预备将来的生活。

②思想的作用，不单是演绎法，也不仅仅是归纳法；不单是从普通定理里推演出个别的案例，也不局限于从个体的事物中抽象出一个普遍的法则。看这五步，从第一步到第三步，是偏向归纳法的，先考察眼前的特别事实和个别情形，然后产生一些假定的通则；但是从第三步到第五步，是偏向演绎法的，先有通则，再把这些通则所包含的意义一一推演出来，有了某

种前提，必然要有某种结果：用直接或间接的方法，证明某种前提是否真能发生某种效果。

懂得这个道理，就会明白两千年来西洋的“形式逻辑学”只教人牢记普遍、特殊、肯定、否定等规则和求同求异等细则，都不是训练思想力的正当方法。思想的真正训练，是使人有真切的经验能当作假设的来源；使人有批评判断种种假设的能力；使人能创造出证明假设的是非真假的方法。

杜威一系的哲学家论思想的作用，最注意“假设”。试看上文所说的五步之中，最重要的就是第三步。第一步和第二步的工作，只是要引起这第三步的种种假设；以下第四、五两步只是把第三步的假设演绎出来，加上评判，加上验证，以决定那种假设能否适用。

这第三步的假设是承上启下的关键，是归纳法和演绎法的开头。我们研究这第三步，应该知道这一步是灵光一闪的，不可强求，就像自然涌上来的潮水一样，压制不住，而如果不出现，随你怎样抓耳挠腮、苦思冥想，都不中用。假如你在大树林里迷了路，你脑子里熟读的一部密尔的《逻辑学》，这无济于事，都不能给你“找到水流，跟着水走出去”的一个假设。

所以思想训练的着手功夫，在于使人有许多鲜活的学问知识，鲜活的学问知识的最大来源是人的有意识的活动。从有意识的活动得来的经验，才是真实可靠的学问知识。这种有意识的活动，不但能让我们确立假设的来源，还可以训练我们时时刻刻拿当前的问题来限制假设的范围，不至于胡思乱想。

还有一层，人生实际的事业，处处是实用的，处处用效果来证实理论，这可以养成我们用效果来评判假设的能力，可以养成我们的实验态度。养成了实验的习惯，每确立一个假设，自然会推想到它所包含的效果，自然会用这种推想出来的效果评判原有假设的价值。这才是思想训练的效果，也才能养成科学的思想能力。

九、结论

西方哲学发展至今，已经为世界贡献了大量的思想资源，教义五花八门，观点纷然杂陈，想从其中选出一个正确的学说，几成幻想。可如果我们秉持经验主义、实验验证的科学态度，自然就能对各派哲学做一个较为中肯、正确的评判。虽然各人的认知不同，各人有各人的方法，但是，至少要有科学的精神和态度。

这种科学精神和态度可以分四点来讲。

1. 怀疑

第一点是怀疑。先抱有不轻易相信的态度，就会发现有很多问题。有了怀疑的态度，就不会上当。以前我们幼时的智识，都从习俗得来，未经验证；但是现在自己要反省，问问以前的知识是否靠得住。

2．事实

我们要实事求是，贴贴标语、喊喊口号，解决不了实际问题，应该做切实的工作，不可避实就虚。

3．证据

怀疑以后，相信总归要相信，但是相信的条件，就是拿凭据来。有了这一句，逻辑学等书籍，都可以不读。赫胥黎的儿子死后，神父劝他信教，但是他很坚决地回答："拿上帝存在的证据来。"有了这种态度，就不会上当。

4．真理

追求真理，不一定要成功，因为真理无穷，宇宙无穷；我们去追求，只是尽一点责任，希望在总分上，加上万万分之一。胜固然可喜，败也不足忧虑。所以科学家的最终目的是追求真理。庄子虽有"吾生也有涯，而知也无涯，以有涯逐无涯，殆已"的话，但是我们还是得努力去做，得一分就是一分，得一寸就是一寸。有了这种精神，追求真理才会有所收获。

我简略地说一说科学方法的要点：

第一，注重事实。

科学方法用事实作起点，不要问孔子怎么说，柏拉图怎么说，康德怎么说；我们先从研究事实入手，游历、调查、统计等都属于这种事项。

第二，注重假设。

单纯研究事实，还算不上科学方法。科学家最重假设。观察事物之后，确立一下几个假设；把每一个假设的含义彻底分析出来，看看它的含义是否可以解释所观察的事实，是否可以解决所遇到的疑难。这就需要博学。正是因为博学方才可以有许多假设，学问只是供给我们种种假设的来源。

第三，注重证实。

我们从许多假设之中挑出一个最合用的假设；这个假设是否真正合用，就必须实地验证。有时候，验证很容易；有时候，必须用"实验"才能得到证实。证实了的假设，方可说是"真"的，方才可用。一切古人今人的主张、东哲西哲的学说，如果没有经过这一层证实的检验，就只能看成有待验证的假设，不能当作真理。

从近代走到今天，西方哲学尚未完全展现它的全部含义，但我们已经可以发现，它的未来一定是实验派大展身手的时代。实用主义的实验验证原则，在我国哲学中并不少见，墨子、王充、戴震，都强调验证，只是后来儒家务虚的学说占据统治地位，实证精神遽然丧失。经过西方哲学的这几段历程，获得"无处不疑，有疑必问；无据不信，有信必证"的为学致思精神，已然成型。实验验证，不只是实用主义的工具，而应该是一切严谨的学问必备的方法和一切学科的根本观念。

附　录

杜威讲演

思想之派别[1]

我这次讲演的主题是“思想的派别”。本来名词上的分别，并不重要。不过要知道现在所讲的，并不是从心理学上去说明各种思想，是逻辑学的派别，是哲学史的讲演，是哲学史上几大思想派别的区分。

这一科的讲演，性质上带些专业性质。这是没法的，因为题目关于逻辑学的方法，这学问是专门的学问，所以不能不带些专门的性质。又是从历史上讲关于人类思想的方法，又不能不讲这种思想当时所生的因果——历史的发展源流。

① 杜威从1919年11月14日开始在北京大学讲演。

一、哲学思想的四个流派

现在这回的讲演概括说起来，就是说明四大派的思想方法。这四大派别是：

第一派——系统派 / 古典派。这派方法，是注重整理的、分析的、类别的。亚里士多德是这派的代表。

第二派——理性派 / 演绎派。科学发生时代，生出第二派和第三派。笛卡儿是这派的代表。

第三派——经验派 / 感觉派。此派培根先发起，但是不太重要，洛克可为这派的代表。

第四派——实验派。第四派和第三派的区别，现在姑且不讲，留待以后说明。

大概西方的思想史，无论经几次的间断，但总可找出个不断的线索来。这线索是什么？就是思想的派别。

二、古典派哲学

1. 思想源头——希腊

思想史的开始，大都在西历公元前六百年。发生地，就在欧洲西南部地中海半岛的希腊。

我们讲到欧洲文化的起源，关于宗教方面，就知道犹太是中心；政治方面，罗马是中心。但思想的来源——宗教政治基础的思想，是在希腊，是在地中海小小的一个半岛上。

思想的方法，从希腊产生的居多。在二千五百年以后，学校里用的逻辑学书，还是照希腊原有的，相差不远。字句虽有更动，大旨还是一样，稍为修正些，到底还是脱不了旧路子。所以现在讲思想方法第一个派别，不能不从希腊入手。

第一派——思想方法的起始——起源于思想界无政府的状态。当日的思想界，糅杂纷乱，就是哲学史上所说的“智术师”时代。那时有种种学说产生，各执一词，反复辩难，有许多还攻击当时的制度、道德，这是思想界极纷乱时代。苏格拉底想要挽救这弊病，才开辟思想方法的路径。他想无论如何纷乱，总可找出个条理来。——从不同中找出共同点；从纷乱中找到条理。

2. 苏格拉底

苏格拉底主张，道德的种种纷乱，原因在于知识不足，道德所以纷乱，由于知识无标准。他想找出一种标准来，使是非、真伪、善恶，都统一，行为也统一。事实的不统一，全由于知识的不统一。

他的方法，要求思想的方法统一。思想统一，社会上种种道德行为都统一了。

苏格拉底的哲学，关于思想的方法，就从统一知识入手。

他以为我们纷纷讨论的条件中间，总有相同的地方。不相同的，就不能讨论。我们无论如何讨论，不能不认可这一点的存在，从这一点着手。

逻辑学，英文是 Logic，希腊的原名是“逻各斯”，本有谈话的意思，原意是从辩论来的。又有“辩论”一词，是从希腊“对话”一字得来。都起于社会的谈话。由于辩论，才有思想的方法。就像辩论应有什么样的条件，这是辩论第一步的着手。

3. 辩论的条件

（1）辩论的对象是同一个

苏格拉底指出，辩论的第一个条件，先承认辩论的东西是同一个。辩论的对象、题目是同一的，是公认的。譬如甲说：“密斯托是一个很高的人。”乙说：“是很矮的。”两个人的辩论，当然先承认辩论题目中的密斯托是同一个人。不能甲指的是甲地的密斯托，乙指的是乙地的密斯托。假使他们所争论的是两个人，那就用不着辩论。所以必须同一的题目、对象，才可辩论，这是第一个条件。

（2）辩论的对象有常在的性质

至于第二个条件，辩论的对象有一种常在的性质。这个性质不能随意变化。哲学的术语，必须是客观的、永久的，不能随意变动。要辩论的东西有永久的存在，才可讨论。苏格拉底当时同一辈哲人辩论什么是公道，尽管意见不同，但大家总须承认那客观的标准，不如此，就无讨论的余地。

4. 亚里士多德的逻辑学

亚里士多德的逻辑学——思想的方法，就从苏格拉底说辞中得来。

他的学说，有两项要点：

①从不同之中找出相同。这就是“共相”。

②思想、知识的关键在于用界说、定义来表达“共相”。

这两点是逻辑学产生的原因。

亚里士多德的旨趣，和苏格拉底不同。苏格拉底注重政治、社会、人生，亚里士多德注重纯粹思想。亚里士多德少时曾习医术，熟悉解剖及生物学，他的学说得自生物学的不少。他把苏格拉底的学说应用到生物学上，发明“类”的观念。把一切个体都包括在“类”中，从“类”再去讲个体。

“类”的观念，亚里士多德提出来当作哲学的中心、思想方法入手的地方，是欧洲哲学史两千年前极重要的事。“类”的观念，差不多笼罩欧洲哲学史两千多年。这个观念之所以重要，就因为创造了思想史上的新世纪。

在这自然界中，物体很多，举都举不尽，若用“类”来讲，比较有限。譬如讲树，什么橡树、榆树……现在都归在树的一类去讲。就因为个体的事物很多，没有两个个体的物是一样的，所以把个体丢开，去找出共同的地方。凡是树都是一样，凡是人都是一样，这样一来，比较简单些，比较容易辨别些。

5．“类”的三种性质

“类”的观念，有三项重要的特别性质：

①“全体”的观念。讲到类，都是全称的，都是代表全部的，都是以一统万的。比方是树，无论是造房屋的，无论是供燃烧的，用途不同，但都以一个字来包括。

②“共同”的观念。亚里士多德最注重“法相”。“法”是个模型，一个模型中间，做出同样的东西。讲到橡树，无论橡树是在屋的东边或西边，总有同一的法相，相同的形式。所以，类是代表共同的、模范的、标准的“法”。

③“永久存在”的观念。“类”不但笼罩一切，不但代表共同的法相，还有永久存在的性质。树死了，“树”还存在。石坏了，“石”还存在。个体的事物无论如何生灭，“类”总代表不生不灭——永久存在。

达尔文的《物种起源》出版时，思想界突起纷乱。为什么？受到亚里士多德的影响太深。他是说永久不变的，现在有人说物种有由来、有起源过程，有变化，两千年来的思想习惯完全被推翻，怪不得要起大变动。欧洲向来的习惯，不得不改变。

这一种的方法——哲学——在思想史上何以占重要的位置？因为思想的知识，最初步是分类。譬如走到树林中，一草一木，都不认识，去问旁人，人家说这是什么花、什么树，归到类去，就明白了。亚里士多德重要的地方，就是发明这方法，找出共同的一点，归纳到类里去。

6. 一切知识都从个别开始

一切知识最初的一步是感觉，是知道这一个、那一个，但不认得这一个是什么，那一个又是什么。这种知识，不要讲不足以追求高等知识，就是低等知识，凭日常耳、目所接触的，在实际应用上还是不够。必须知道这是灯、是纸、是表、是衣服……才行。所以，亚里士多德以为知识的第一步，不能专靠五官的感觉，仅知道这一个、那一个是不行的，必要知道是什么，知道具体的分类，那才可算知识。

7. “类”的意义

分“类”的观念在欧洲思想史上，很难给出个明确的一致意见。西方人在政治、社会方面，注重个人；思想方面，却归纳到全称里面去。把这个、那个归纳到“什么”的类里去。这种观念在思想史上所以重要，有一个理由：

①因为“类”的观念，可以笼罩一切。

②因为“类”的观念不但独立，还有系统。就是类的上面还有“种”。牛都唤作牛，马都唤作马，牛、马都属于兽类，兽类都属于动物。从最高的阶级，可以逐步地推下来；从最低的阶级，可以逐步地推上去。这类有次第、有系统，是思想史上最好的分类。

“类”的观念不但可以应用在生物学上面，数学里也可应用。三角形是个类名，那么无论是直角、锐角、钝角的三角形都包括在内。三角形的种——更大的类，是平面，那么无论是长方形、圆形，都是平面。所以使得知识思想有系统，都因有了那“类”的观念。

这应用方面，每一种东西可以归纳到“类”，“类”归纳到“种”，更大的归到更更大。这很像中国的祖宗谱系。从高祖到曾祖、祖、父，一代代排列得很是齐整。这种知识，是有系统、有条理、有组织，才是正确的知识。亚里士多德的哲学，就重视怎样得到这种知识。

亚里士多德一派的逻辑学，在思想史有重大的贡献，就是重次第、条理。这就是思想上极重的要点，这就是思想史上最大的贡献。

以上所讲是第一派的大意。下次再讲第一派的方法——怎样求到有系统、有条理的方法，叙述它详细的地方。

8. 古典派哲学的方法

(1)“种”的学说有两个缺点

亚里士多德“种”的学说，还有两个缺点：

第一，认为“类”永久不变。

第二，不能有发明的功用。这个、那个，排列在祖宗图谱上，依旧不能从已知的得到未知的东西。

缺点是我们偶然举出的。这重要的话，还须明白，就是这种方法在思想史上有积极的价值。即西方人思想受两千年系统的分类思想支配，有分类的习惯、知识，形成先后本末的系统。这观念是西方思想——希腊思想——最重要的。没这训练，欧洲到现在还是野蛮时代。

上次讲演提出的四派——思想方法的四大派，先讲的是第一派——希腊传下来的思想方法。这派发生得最早：创始于苏格拉底，完成于亚里士多德。

（2）希腊古典派思想简评

这派的起源，起于思想界、知识界纷乱无主无政府的时代。无论社会上、政治上种种情形，都引起庞杂纷乱毫不统一的恐慌。有心人觉得社会、政治的纷乱，都由于知识无标准。知识无标准，政治上、社会上都无系统。什么叫作公道？什么叫作公理？什么叫作道德？都须逐件地订出条理，立出标准。知识一有标准，政治上、社会上就有条理有系统了。

所以，古典主义哲学就产生于社会的实际动机。要在思想方面找出秩序、条理来，使社会上、政治上种种事情，都有头绪，有系统。

亚里士多德是个医生，并且是个科学家，所以他的动机和苏格拉底不同。不过他受这种影响，这种遗风，所以他爱秩序，爱条理，要在纷乱的个体中间找出个明确的共相。这些态度，这些目的，都是受苏格拉底的影响，因此称这派叫作系统的、整理的、类别的方法。

以上把前次所讲的大略，概括说过了。

现在要加几句通论的话：就是要知道希腊的思想方法，是受希腊艺术的影响很大。

希腊人是富于美感的人类。希腊人所谓的美，是指比例的、平均的、调和的美，他们所注重的，是分配匀称调和的艺术。他们研究艺术，无论建筑方面、雕刻方面，总是求得分配均匀，整齐平称。希腊艺术的特异处，就是从无古怪丑恶的东西、奇形怪状的样子。这一派思想上受了秩序、整齐的观念，所以亚里士多德把宇宙当作艺术品，完全的艺术品。把造化者当作艺术家，把天地的现象看作整齐、平均、调和的艺术品。

这第一派思想方法的大概，完全是系统的。

（3）现在讲那思想方法的细则

①第一步：界说。

这派思想方法求知识的第一步，是先下“界说”，从种种个体的事物归纳到类上去。界说的性质，是加个类名，再加这一种的“属差”。先举个“类”，把东西归纳到“类”名里去，然后再从“类”推到“种”。譬如知道人的一“种”所有“类”是动物，还不够，还要举“属差”，要知道人是哪种动物，或者说人是“能制造器具”的动物，“制造器具”就是属差。从

“类”中再添加一个“种”的特别“属差”。亚里士多德最重视第一步理性的知识，即下“界说”。

“界说”直指事物的性质。

要明白真知识这东西，非举界说不可。一面举类，一面举特别性质，那才是真知识。譬如一个三角形，先下界说：“三角形是三根直线组成的一个平面形。”“平面形”，就是类名，“三根直线”就是属差。再如直角三角形的界说是：“三角形中有一角是九十度的直角。”那三角形变作类名，九十度的直角就是“属差”。这样下去，就能知道事物的真正性质。

但我们对形式论理的滥调，往往看轻，它的本义，有重要的观念。这观念即是类的观念。因为个体事物有生死起灭的变化，但类不变，有永久存在的性质。求取真知识，必须先把个体事物归纳到类中，找出其他类的永久性，找出它的系统，找出它在宇宙万物中的地位，那才能知道它的性质，或者特别性质。

这种观念——界说的学说，以为人的感觉，目所视，耳所听，鼻所嗅，所得到的不过是外面个体事物的形状。这一样，那一样，都不过是有个感觉，耳目还绝不能认识类以及类所代表的真的性质。

感觉只知形状，不知真性质，这本是自然的趋势，因此他们推重理性的知识，看轻感觉一部分，都要使知识上下成系统，递分下去，好似祖宗图谱，因为他们认定这世界是理性的世界，亚里士多德所谓“纯粹的心”的结果。在中世时代，易为教会所利用，被教会中人，当作基督教正宗的学说。他把宇宙当作有理性的，可以作宗教家的帮助。

②第二步：三段式推论。

这第二步是三段式推论法——三段式。三段式推论法与方才讲的有关系。因为三段式推论法是最完全有理性的知识，最足表示事物的关系——这物同他类他种一局和全局的关系，这方法不但表示主观的方便的方法，又可代表理性的宇宙，自然的系统，所以亚里士多德最崇拜最看重那三段式推论法。

譬如举个极平常极普通的例子，如说：“苏格拉底要死的。”何以知道他是要死的呢？因为可以用三段法表示出来，可以用能得到验证的形式来表达。所以，把这句话和别的论断连成有系统的形式，如：大前提——通则：“所有的人都要死”；小前提——“苏格拉底是人”；结论——所以“苏格拉底要死的”。假设“所有的人”是M，“要死的”是P，“苏格拉底”是S，用符号表示出来是：

所有的M是P		$M \to P$
S是M	或者：	$S \to M$
所以，S是P		$\therefore S \to P$

用这样一种符号形式表示出来，清晰明白，方便验证，这

也正是亚里士多德最有建树的地方，绝不似柏拉图，辩证法家轻视逻辑。

提出类的性质，再提出某个个体在这个类之内，最后得到这个个体也具有这个性质，使类、个体、性质都成了系统，获得合理的形式。并不需要每件事物都一样样地思想，都要这样做；不过亚里士多德以为一个命题，不是把这样有关系的组成系统，不能算合理性的形式，那么话便不能成立。凡是思想不能表出理性的形式，即假的，即错的。

总而言之，三段式推论法照亚里士多德所说，是科学知识最完备的形式，可以表示出自然的系统，有理性的系统。但是我们听到三段式推论法，以为可以不问情况直接运用，最后变作逻辑学上的滥调，直接的事实也非要用三段论来表达，多此一举。我们的思想和从前不同，根本观念改变的缘故。当时他们相信宇宙是有理性的、有条理的，一样样可以分出来组成系统，归纳到类里，类永久存在，性质不变。

③第三步：变化。

方才说的两件，都是把宇宙看作静的，不是动的。

现在第三点是要讲变化。

我们对外物的观察，最容易见到现状的变化：高的忽然低了，低的忽然高了，草木生长了，人长大了。变迁的现状，一般都见得到。亚里士多德以为变化不是杂乱无序的，都有一定的方向和趋势。每一棵树都是向最完全的形式变化。形式是模范的形式，每样都照着一类最完备的形式变。如鸡子儿的变化，逐渐变到一只鸡，是变到最完全的形式实现为止。橡树子的变化，便照着橡树最完备的形式变去。亚里士多德说气、烟、火都向上升，因为是照着最完全的形式——天是最完全的形式——走去。所以要知道变迁，必先知道各类完全的形式。

这变迁的方向，最完全的形式，究竟是什么？即是它的目的。这目的是变迁所向的方法，最后的原因，最后的理由。这种说辞，对亚里士多德的哲学很重要。他以为变迁不但要知道这样变什么和怎样变化，更要知道变化的最终目的。

他讲的变，还是注重静的、呆板的、固定的——目的。这观念通俗讲来有句成语，叫作“自然不做无用功”。自然法总有理由，总不枉费工夫，这话是说宇宙有理性的、有目的的、有所为的。这自然见解，在哲学史上是很有价值的。以后讲第二派的思想，即可知第二时代思想的革新，推翻自然有所为的见解。

④变化没有最完全的形式。

第四点，即有许多东西是并没有最完全的形式去变的。

譬如天气，并没有最完全的界限，冬天的冷度，夏天的热度，不能一定，有时很热，有时很冷。人的身体是这样，不能说眼睛都要怎样，耳朵都要怎样，不过是人的大概终相同罢了。照亚里士多德的意思，这种“抵抗形式”不能归入科学的范围。凡是科学的知识，都是死的、呆的、静的，是“必然”的不是“或然”的。那种也许如何如何没有科学资格。

这部分的知识，不重规则的行为变迁，是叫作经验。科学的知识的现状，是理性的知识。理性是属于科学的。那种经验的、不规则的，不能算知识。变迁，必定有个趋势。橡树子有橡树的趋势，鸡子儿有鸡的趋势。亚里士多德说天上种种的星辰的变迁，都可以算得出。三角形的角度，加起来等于两直角，那是一定的。这都是有理性的知识。人不能一定怎么长，怎么高。夏天不一定怎么热，热到什么度数，这都是或然的，这都不算科学。这种看轻经验——动的，看重理性——静的观念，是亚里士多德传给西方思想界最大的遗产。有这遗产，使哲学史发生很大的问题，究竟经验和理性占怎样的地位，因此造成很大的争论。

⑤知识有等级高低。

现在要讲第五点。

这派以为知识有两种，有高的，有低的，高的为天文、代数，都是科学的知识。至于人类的直接行为—道德—社会的变迁，凡是伦理学、社会学、人生哲学等，都没有一定的趋向，变化不测，推测不定，没有最完全的形式、最后的目的、一定的方向，这是属于下层的劣等的知识。

这种区分，把人类的行为，人生实际的种种行为，都归属到低级的部分。这观念发生重要的结果，很大的影响，把关于人生、政治、社会的学问，都看低了，都比不上有一定范围的趋向的自然科学。

这种意思，是以为人的行为部分——实际的方面没有最高的标准，要从这方面求到完全的知识，是做不到的。假使要求到这地步，只有从知识方面入手。行的方面是无望的。知的方面，还可以求到最完全的形式。他是把“行”的方面看作不如“知”的部分。

这层意思，是说人类的行为要使他有最高、最完全的形式，只有知识。从知识一方面，可以无求于外。行的方面，是不能够，都要依赖旁人的。哲学家得到知识以后，无求于外，是合理的生活——理性的生活，是人生最高的快乐。

（4）亚里士多德的思想贡献

总之，亚里士多德的方法，不但给我们界说的学说，给我们三段式推论法的形式，又有三种连带的影响，在思想史上有很大的贡献。

①变迁只有规则的变迁。从一定方向走的，可以算是知识，其余不定的，无目的的，不在科学知识里，因为科学知识是有固定关系的。

②经验的知识比理性的知识低，理性的知识是高级的，是

正当的。

③实践方面比较低，理性生活比较高，比较重要。

这三种重要观念，对思想史发生很大的影响。

其后两种，第二派和第三派——理性派与经验派——完全是受第一派亚里士多德哲学的遗留问题吸引，而发展起来的。这两次讲演第一派的大意，目的并不在背书本上的知识，是要讨论第一派的方法是什么，知道它历史上的背景——它影响到第二派和第三派是怎样的情形？

现在讲亚里士多德方法以后，要作个结论。有许多西方人看了东方受古代思想的影响的支配有两千多年，以为一定是守旧的。那是很自然的想法。但这观察的人，忘记了亚里士多德在西方思想史上的势力——一支独尊的势力，一样强大长久，直到十六世纪和十八世纪两个世纪里很久的竞争和思想革命，才打破亚里士多德思想的束缚。

三、理性派哲学

1. 亚里士多德以后“逻辑”的变迁

第二派是理性派的思想。讲这派之前，先说希腊传下来的亚里士多德派逻辑学的变迁，与这派方法的应用——希腊以后中古时代思想方法的应用。

从亚里士多德以后，直到十六世纪十七世纪的中间，差不多有两千年。这两千年中，亚里士多德的方法被中古时代一辈“经院学者”所利用，经历诸多变迁，也延伸许多应用。

亚里士多德把思想的方法，用到人类的社会问题和自然科学上。亚里士多德是个科学家——生物学家，他把这些方法应用到自然现象上。所以希腊人对自然科学的兴趣很深，重视自然科学，就是重视社会人生，从不用到神道的、神权的、宗教的问题上。

待到后来，欧洲变成基督教民族。基督教从欧洲南面到西南，到北面，一直普及到一切民族。当时的人还处于野蛮时代、半开化时代，不料希腊的思想方法，被宗教采用，拿来作为宗教的辩论——神学上辩论的重要工具。这一用法是把自然科学上的方法，用到神学、宗教上去，这是亚里士多德不曾想到的。

亚里士多德的方法——他的根本方法，承认每种科学的根据有最容易明白的、最普通的定理。如几何学的根基，简单些说是“全大于分”，很浅明、很简单。其他如生物学、物理学、天文学等，都有个简单的定理做根据。但亚里士多德所谓定理、理性，是根据人的理性的，并不属于神道的、神秘的，是从人类理性中找出的，并没有这神道、神秘的性质。

所以说，亚里士多德的逻辑方法，还算是自然逻辑的方法，并不超于自然现象的方法。但到中古时代，经院学者把这种方法应用到超自然现象上；应用到神的、天的、上帝的方面去。以他们所用的方法讲，固然都一样，但他们所说的定理，不是几何学、物理学里的理，是《圣经》里的话，是教皇的圣谕，是基督教最初的神父——长老的话。学者认为这些话天经地义，拿来做根据。一切事物，都以这种教义为基础。

方才说古代亚里士多德的方法，是自由的方法，后来被“经院学者”所利用——以十一世纪至十三世纪为最盛。这三百年中，这些学者把亚里士多德自由的方法，应用到宗教权力上去。把古代自然科学、人类社会的方法，应用到神学、宗教的范围里去，这些方法的区别，为什么要说？就因为说明理性派和实验派的方法，这两派都是代表一种回归到希腊自然科学和人类问题的兴趣。当时对实际生活，不知注意；对超于当时的生活，才加注意。

2. 从神学到人间的学问

在这两派的中间时期，是欧洲从前出世主义思想，回归到入世主义的思想，产生出新的兴趣。这有许多原因：

①中古时代，古代的文学、艺术，都不注意。当时学者带些复古思想，所谓“文艺复兴”时代。但所谓复古，是从古代学说中发现新知识。

②发现美洲，当时人方知道西半球，人类思想一变，眼光

都变了。

③同亚洲人的交流。当时同阿拉伯人往来，阿拉伯学者都研究自然科学——天文学、医学等，又介绍许多科学思想。

此外，如十字军的战争，同土耳其人的接触，都有关系，不能细说。总之，回归到注重自然界现象的思想情境里，产生一种新兴趣。

3. 时代的新要求

这个时代之所以能发生新兴趣，因为新思想方法的要求。这种要求是：

①要求人类能得到征服自然界的势力、自然界的现状，加以利用，为人生造福，增长人的势力。

②不但把现成的知识系统组织起来，像中古时代那样把古人的话作为根据翻来覆去地申说，还要求新方法，不但证明，还要发现新的真理。

这两种要求，第一种是要增进人类的势力，征服自然的势力。这一种，培根可算是代表。现在不细讲，以后讲第三派时再讲。第二种是要把旧知识继续连贯下去发现新的真理。这一种的代表，是法国人笛卡儿，恰和培根相反；培根是要征服自然，他却胆小，不过找个方法，为人类发现新的真理。

这种区别，从历史上看来，极有趣味。培根是英国人，英国的政治自由些，宗教革命得早，宗教势力比较少，人类自由多一些，所以培根大胆要征服自然，带些政治性质。大陆上却不能，教会很专制。当时有个科学家——伽利略，宣称地球并非不动，地球绕着太阳转。这话与宗教家说的相反，教皇便定他的罪。笛卡儿处于这种积威之下，也曾把他的书烧掉。这可证明事实上的关系，所以他要研究学理，找出学理的新真理。

四、笛卡儿

1. 广延和运动

笛卡儿的哲学，对自然界的根本观念有两种：一种叫作广延，一种叫作运动。广延是容积，占位置占空间的。一切物质都是广延，都是容积，都是占位置的。在空间的区别，有什么大小、长短、高下、形状都算广延。一切物质的变迁都是运动。广延占据的位置有变迁，有变迁就是运动。运动就是广延位置的变迁，运动也是一切变迁的因。

这两个观念是对自然界的重要观念，为什么重要？

把一切万物都用数量表示出来，都用代数算出。科学能够用数量表示出来，用代数算出，才有把握。他发明代数的方法——解析几何，他用这种新方法可以表示变迁，所以他把一切科学的知识都看作数量的知识，只有数量的知识才算是科学的知识。但数量并不独立，不过是一切科学知识的钥匙的关键。一切科学的门径，全靠数才可找出。

这样正式的讲演——一切物质都是广延，物质变迁都是运动，专讲形式上的表现，没什么意思。最好从根本观念上，引申出四条结论，把这四条结论和古代科学的结论比较讲，便易明白了。

2. 从广延和运动引出的四条结论

（1）万物都是数量关系

这第一个重要的结论，是打破古代等级的区分——一代高一代、一代低一代这样的分类——把古代科学方法的分类看作固定的、不变的、祖谱式的，现在一齐推翻，一扫而光，把一切万物都归到广延，一切变迁都叫作运动，都看作数量关系。把自然界的等级，高高在上的星辰和低低在下的尘土，都是一样平等的东西，都是和、差、积、商，变迁都是一种数量运动。

古代的思想，把万物的性质都看作不同。矿物有矿物的道理，星辰有星辰的道理。这些把万物看作不同性质的观点，现在都看作相同性质的，古代神秘的区别都没有了。就像人身的呼吸和血的流通，从前看得很怪，现在却都讲广延，都讲运动。血的循环和抽气筒的抽水是一样的理，呼吸的流通，同风的往来是一样的理，都是动，都是数量的关系。把不同性质的观念打破，无论生物、矿物，都是一样去观察。

近代从笛卡儿以来，科学进步，有许多人不赞成太简单的说辞——万物都一样解说——近代虽觉笛卡儿立说不合理，但笛卡儿却有极不可埋没的大功。古代科学，把自然界分作无数固定的、烦琐的、彼此不相交通的区别，使人的心力受大亏，笛卡儿把这些固定的分别一齐打破，打破这知识界的封建制度——阶级制度——这样的大革命，就是不可埋没的大功。

笛卡儿的方法还有件大功。他用这样的东西——广延与运动——去解说万物，有大用处。这些极平常的东西，人人都明白。他用人人所懂的东西，打破古代神秘的不可思议的黑暗。从黑暗趋向到光明，从神秘趋向到人生实用上，这是思想界的一大建树。

（2）目的因

这第二个重要的结论：是古代亚里士多德信那“最后的因”——目的因，他以为物质的变迁都是向着那最后最完全的目的进行。

笛卡儿便打破这种观察，以为运动并没有最后因、最后目的。一切物质的变迁都是运动，都是空间关系的变化。这样使我们便宜不少，不必求那不可知的因。并且这“最后的因”的说辞，后来被宗教中人去利用，牵强附会上去。笛卡儿提出广延和运动，打破古代神秘的目的因，这在实际实用上是很重要的。

我举个例子，古代亚里士多德一辈讲人身的构造，他们信那最后的因，便以为人身的构造每种都有个目的。他们观察人身，以为人身活的时候，身体是热的，过热了便病，太冷了便死，所以他以为所以生活，是冷热调剂平均的缘故。

根究那冷热的来源，以为身体的构造，有一种是专门供给冷的，有一种是专门供给热的。心脏是供给适当的热度，脑髓是供给适当的冷度。深信最后原因，一定会产生很大的危险。要造出个目的来，不能不有这种荒谬的说辞。

笛卡儿却不然。他讲一切的运动——变迁，并无目的，只要看前面的一步是怎样。他是完全注重前因的关系。从前因看到后果，把前因来解说后果。人身的构造，用不到最后的因。他讲人身的变化都是运动；血动、呼吸动，都是动，完全是运动的作用，并没有目的的。自然现象，都可以用这观念解释。

从主动发生，层层递进以至无穷，只有前因后果的关系。现在实验"物质不灭"，如木烧做灰，把它的灰和它的热气加合起来，可以证明重量是一样的。这是后来的实验。笛卡儿先说物质每种动，都是容积的变迁。容积永在，数量不变，用这数量的关系去讲自然界的现象，便打破"最后的目的"的观念。

（3）不能用数量表示就不是科学

第三个重要的结论，却是代数的重要。亚里士多德讲科学，是注重在类别、注重在性质的区别。至于数量的区别，不甚重要，是偶然的性质。譬如菊花虽有大小，那菊花的性质，总是存在。三角形虽有长短，那三角形的性质，总是存在。笛卡儿则注重数量，以为一切万物都是广延，积的变化都是运动，都可以数，都可以量。那可以数、可以量的，才是科学。不能数、不能量的，都不能算作科学。他打破古代注重性质的类，这亦是思想界重要的贡献。

我们要知道，研究近代科学发展历史的人，颇多有反对笛卡儿的错误的。但无论如何，近代科学对笛卡儿，很有得利于他的。笛卡儿极提倡数量的重要——一切科学都要可以数、可以量的——从此以后，学科才注重数量的研究，表示式子。这种数量的方法，都是从笛卡儿以后格外注重的。古来讲真理的，什么叫作真？什么叫作假？怎样是正确？怎样是不正确？都无一定的标准。从笛卡儿注重数量以后，真理才有标准。数量正确，才是真理。所谓真理，即是数量的正确。

（4）代数

刚才讲过笛卡儿以为代数是一切科学的钥匙。这种注重数学，全根据数量的观念。还有重要的方法是从数学得来的。数学上做一门代数，是从最简单的定理、数量的符号做下去，用不着五官的感觉，完全是理性的作用，应用几条定理，找出答案。这种用数量符号，合上公式，找出的答案，自然是对的。笛卡儿思想的根本方法，就想从最简单定理入手。

笛卡儿应用这数学的理性作用，从简单的定理，可以找出答案。后来应用起来，普通的简单定理连拢起来，可以变作复杂的定理，创造新颖的定理。从没有的变作有，这都用不着观察，完全是理性的作用。他因此认为一切科学都是如此。

从这基本定义连贯起来，一条条连下去，也会引申演绎出许多新的定理。从没有到有，从不曾发现的去发现，都用不到五官的观察，只要从理性的作用看那公理、那定理有无错误就是了。这所以称作理性派的逻辑学。

我们差不多用不到说，在笛卡儿以后，从科学历史上观看，这主张妄想把这简单的定理应用到自然界种种现象上去，是错的。便在当时起个大争论，一方面笛卡儿这一派注重数量的关系——理性的作用，一方面大科学家牛顿注重观察、实验官能的感觉，他是大代数家却不太注重数学的理性作用，因此起大争论，后来是经验派战胜。但我们不能埋没笛卡儿的大功。明明白白指出数量的研究，在科学上是占极重要的地位的。

这第四个重要的结论，就是笛卡儿对官能感觉不注重，看作不可靠的求知识的法门。因他注重数量的关系，而官能的感觉（声、色、味、嗅、触）偏引我们注重性质上的区别。不注重数量，不注重数量的是最容易使我们上当的门径。

照古代讲，这感觉使我们觉到这重、轻的性，红、白的性。这每样的性，都是五官感到的性的区别。笛卡儿讲却没有所谓重、轻、红、白的性，都是外物所起的动在我们心理上所起一种变化，并不是外物有什么性的区别。

所以笛卡儿以为官能的观察，仅不过起一种感觉，并不能够供给人可靠的知识。我们应进一步求数量的区别，不可受官能的欺骗。他认为官能所起的知识，是不可靠的知识。

笛卡儿攻击官能感觉，很有重要的关系。古代科学根据的知识，是重在性的区别——重、轻、红、白、香、臭等——而不重数量，所以他要打破古代科学，推翻官能的感觉，而不知在后世发生很多重要的影响：

①理性派和经验派的纷争，引起真知是全称概念的知识立说。

②后世唯心论和唯物论的争执。笛卡儿承认数量的大小，但不曾否定外物的存在。唯心派却趋于极端，以为一切万物都由心造，完全从心起的。这种纷争，亦是因此起的。

下次再讲笛卡儿这派思想的方法。现在我们应注重的，总之笛卡儿对思想界有两项重大的贡献：

①打破古代科学荒谬的观念；

②物质观念的古代类种的区别。

古代分类的方法，是静的区别，现在笛卡儿是讲物质动的关系。

在第一二次所讲希腊思想的方法论，同希腊人的宇宙观，很有重要的关系。希腊人看宇宙，当作有阶级的、有系统的、从高到下的、从重要到不重要的，有这种阶级的封建制度的宇宙观，所以他的方法论亦相类似的：是注重界说的，注重分类的，注重系统的，注重三段式推论法的。在第三次讲演，讲过这种的宇宙观被第二派的笛卡儿完全推翻。

笛卡儿看这宇宙，不是阶级的，是平等的；不是复杂的，是一致的；一切的万物都是广延，都是容积；一切的变迁，都由于运动。这样把广延、运动两个观念解释宇宙万物，这种宇宙观，应当发生别一种的方法论。这方法论，是和这平等的宇宙观是相合的。

3. 笛卡儿方法论的两个原则

笛卡儿的方法论，有两项重要的观念：①“直觉”；②“演绎”。

笛卡儿用这两个词，同平常一般哲学家所讲的意义不同，所以必定先要把这两字义解释一番。现在先讲第一个“直觉”。许多哲学家把直觉看作同理性相反的东西，看作比理性高，理性所不能知道的，直觉能知道的，甚至用直觉观念要得到神秘的、神妙不测的知识。但笛卡儿都和他相反。

笛卡儿不但不把理性和直觉看作相反，并且把直觉看作理性的一种作用，是直接可以知道的，直接可以捉住的，是最容易最简单最清楚这一部分的知识，是理性作用最容易看出的。

凡是直接可以知道，不用间接去推求，这种理性的作用，谓之“直觉”。

这种见解，把直觉不看似比理性高，是理性最简易的一种作用。根据这个见解，去观察一切事物，一定要有两个条件，就是对事物一定要有两种性质：①“明白”；②“分明”。履行了这两个条件，才可算直觉的知识。观察事物，能明白，能分明，才可算是真知识，才可算直觉能观察得到。

我们举个最浅的例子，证明所谓“明白”和“分明”这两个条件。譬如观察事物，在黑暗的地方，光线不好，便一定不能观察得“明白”和“分明”；在日光底下，光线强的地方，可以看得“明白”，看得“分明”。这个例子不能形容笛卡儿的意思，因为笛卡儿的意思，即使在日光之下，光线充足的地方，这时所见的感觉，亦未见能“明白”，能“分明”。

笛卡儿所要找的所谓“明白”和“分明”，并非平常五官感觉所谓的“明白”和“分明”。他所谓“明白”和“分明”的对象——知识，一定很简单、很容易，是浅而易见的，能自生明了的，一经观察，自能把意义、把性质都可以捉住，这是绝对的正确。人家看是这样，自己看也是这样，没有争论的余地。这样大家公认，没有争论，所以能得一见便明。平常五官的感觉，未见能有这种绝对的一定的知识，亦不见得彼此一致，无疑惑的余地，无讨论的余地。

所以笛卡儿所要找的，并非五官感觉所谓的“明白”和“分明”，他所谓的“明白”和“分明”，是把最简易最明显的知识，作知识学问的根据、基础。至于讲五官感觉所以不可靠，我们可举个例。譬如这是张桌子，在实际上看，确是不错，平常实际应用上，亦未尝无用，但真要讲学问，要求“明白”和“分明”，这还是不可靠。为什么？因为官能的感觉容易错误。譬如画家画一张桌子，画得很像，远远望去，便真当它是张桌子，走近一摸，才知道这是一幅画。又如有神经病的人，明明没有桌子，他却当作有桌子。又如梦里，明明见的是桌子，却并不是桌子。这是第一层理由，因为官能的感觉易于错误，所以是不可靠的。第一理由是感觉容易错误。第二个理由更为重要，感觉不能表达意义。譬如看张桌子，我们即使知道这是桌子，但这种感觉不能使我们知道这桌子所包含种种的意义，种种的分子。看了这一面，不见那一面；见了这桌子的颜色，还不明它是什么的缘故。所以单说这是桌子，这知识不能算“明白”和“分明”。因这桌子所含的意义很杂，科学家尚不能懂得。

所以从这两项理由讲求，所谓“明白”和“分明”：①不要出错，是大家公认的；②这知识很简单，很容易，所含意义一览而尽，完全没有疑义的。所以笛卡儿对感觉的知识——感觉所得的影响，都看作不可靠的。即使认得，也不过觉得如此，觉得是黑的、白的……你便算是认得了。实在懂得吗？不懂。讲不出所以不同的地方，为什么黑？为什么白？都不知了。这不能算正确的知识。总之，笛卡儿对官能的感觉所得到的知识，都不信仰，都以为靠不住。

4. 清晰明白的东西是否存在

究竟世上可有真能符合笛卡儿的两项条件？可有真能“明白”“分明”的东西？——是不会错误、大家公认的，是简单容易、所含意义一览无余的。笛卡儿说是有的。在何处？在数学的知识里面，是有可以符合这两项条件的。一种是“数”，一种是“形”，这两种。代数里的数目和几何学里的形——确能做到“明白”和“分明”的两个条件。

譬如讲一个“99”，这数目很清楚，很分明，它可以分作99个“1”，我们一看就知，永不会错的。“1”的数目和别的数目不同的地方，亦一看就明白的。同“2”、同“3”、同“100”都不同。比“100”少“99”，比“3”少“2”，比“2”少“1”。它所含的意义同别的数目都不会含混的。所以这“数”是决计不会错的。

“数”是这样，“形”亦是这样。譬如复杂的形式，固然是不容易明了，但这“形”都可分到极简单的，使它明显。“形”的观念，从复杂可以归到简单的“点的观念”。那“点的观念”是很简单的、很明白的了。从点的关系到线，从线的关系到面，从简单到复杂，复杂的仍可以归到简单，这种也可称是“明白”“分明”。

所以笛卡儿要找到“明白”“分明”的知识——真实可靠的知识，做到这步，先得推翻扫荡知识界、思想界的垃圾——一切蒙蔽聪明的东西。凡从前种种的思想和知识，都要用这一标准去“质疑”它。是明白么？是分明么？这么一来，把以前种种的信仰、规条、习惯、思想界的垃圾，完全扫除，完全推翻，就完全是“质疑”。扫尽以后，才可得到“明白”“分明”的知识。

5. 清晰的方法有哪些规则

他那方法的规则是：

①不曾真知道是真的，不要当作真。

②下判断的时候，不要潦草，不要有成见。

③下判断的时候，除了真是认得“明白”“分明”的东西之外，不能把旁的东西加入判断里面去。

笛卡儿自己著一部书，讲他自己“疑”的历史，怎样推翻扫荡知识、思想界的垃圾。他记他以前的学校教育。他在最有名的学校，受过了完全的教育，待到毕业以后，把这标准——“明白”“分明”的标准即真知识的标准——去试验他所受过的教育，没一件能经得起这种试验的。只有一项是能经得起这试验，就是“代数”。其余无论哲学、科学，都经不起这试验。

哲学、科学在两千年来从没有一定的学说，这一派以为是的，那一派以为非的，终免不了旁人的攻击。他对学校所受的教育，完全是“疑”。他再到各国去旅行，这个经验，使他“疑”的观念格外的重。没有一国的思想、风俗、习惯、法令，和别一国是相同的。这一国以为是神圣不可侵犯的，那一国以为是迷信；那一国看作神圣不可侵犯的，这一国又看作迷信。旅行的结果，见得世人没一定公认的理，所以这一来除代数之外，没有一样经得起“疑”的试验的。

他应用这种标准去试验一切的思想，“疑”到万无可疑的地位，才能相信。物质方面都不可靠，只有数学的“数”，形学的“形”，数量是明白的、分明的。精神方面也都靠不住，后来只有一个地方万无可“疑”，这个就是“我”。“我”在这儿“疑”，“我”是有的。“我”起了意识作用。“我”这观念万无可“疑”。在精神方面，把“我”作基础，从“我”方面去找出知识；物质方面，把“数量”作基础，从“数量”方面去找出知识。

以上所讲，都是笛卡儿第一项的观念——直觉。现在要讲那第二项的“演绎”是什么。他所讲的“演绎”，和平常逻辑学书上所讲的不同。他是把最容易最简单的基本观念作基础。所谓“演绎”，就是把基本观念一个个地建筑起来；把“明白”“分明”的观念，依着自然的顺序，一步步地做去。代数、几何，都是如此，一步步都要分明，都要有一定的次序。这样有顺序的构造，从简单容易的，渐渐到更复杂繁难的，谓之“演绎”。

普通逻辑学内所谓演绎法，是三段论法。就是“凡人皆有死，苏格拉底是人，所以苏格拉底要死”这一种的三段法，所以要格外注意，笛卡儿所谓的“演绎”不是这一种。他要一步步地得到“明白”“分明”的知识。有个比喻，像把一块块的砖堆成座桥，那一块块的砖代表那“明白”“分明”最简单的观念。处处要懂得堆的作用，这样把简单的分子、原子作基础，逐渐造起来。这种方法，是笛卡儿所说的“演绎”。

笛卡儿对这方法的信仰心很重，他以为用这方法，照代数的理按部就班地做去，可以找出许多的知识。无穷知识的希望尽在这基本知识上面。平常自然界的种种现象，容易使我们糊涂，如雷、电、光、热，以及动、植物的生长，都是很复杂的理由，使我们莫名其妙。但照演绎的方法，先找出极简单的地方，作基本知识，从明白简单的再推到繁难复杂的，由简而繁就明白了。步步清楚，就全部清楚了。

笛卡儿当真从最简单的数理观念作基本，要在这上头建筑种种科学，这妄想未免太谬。现在他建筑的屋子，固是倒了，但它的基础还在。他把自然界的现象归到数理里。“凡用数理可以讲的，是真知识”，这都永远存在。现在物理学里讲颜色也要讲数量、色彩的不同，由于颜色在光中转动的数量不同。有这数量的关系，才知道色的真相。他这数理的观念，是永远存在的。

6. 笛卡儿方法的历史贡献

我们现在把这两大部的大意都明白了。现在加几句笛卡儿哲学方法的价值，并不是批评，也并不是攻击，是指出这方法在思想史上的重要贡献。

（1）“清楚”“明白”是检验思想的标准

第一层，是笛卡儿的方法提出“明白”“分明”的标准，去评判一切的知识在思想史的大贡献，就是“化繁为简”的大功用。从古代以来，直到笛卡儿的时候，人类思想结了许多的荒谬、迷信、遗传，差不多挑了一副重担，笛卡儿拿来快刀割断，推翻那担子，繁缛的便化成简易了。

这方面说来，笛卡儿的方法有解放人类思想的大功。积极方面，养成人对人类思想起新的信仰。以前古代亚里士多德的作用，看作分类的、系统的、不能创造的。笛卡儿一步步求真理，是动的思想观念，使人觉得思想能力有创造真理的活动的能力，这是在思想史上的大功。

还有一种也很重要。笛卡儿的方法注重“明白”“分明”，这一趋势很重要。法国民族的习惯，以及文学、美学，都受这种注重“明白”“分明”方法的影响。这是法国人的民族性，但自笛卡儿以后，把这精神提出，做有意识的说明，自此以后，使这趋势益为明显。所以笛卡儿的思想，与法国的文学、美学以及宗教，都有关系，都要注重“明白”“分明”；反之，即是反对含糊、混沌的观念。笛卡儿很避人家的注意，甚至他著的书，不合教皇意旨，被焚毁，别人不知道那种方法。在无形之中，这影响已很大了。

（2）天赋的理性观念是思想的基础

第二层，是笛卡儿的方法所以被称为理性派，因为注重理性观念，看轻经验，把理性的概念作重要思想的基础。

这种概念——理性的概念作思想的基础，他进行的方法是“演绎”，一步步照顺序的建筑。研究一项事物，不必从这事物着手，从理性这方面着手，一步步地建筑。理性方面构造成的顺序，自然会同自然界的顺序一样。

反之，自然界的顺序，自然会符合理性的顺序。“理在心中不在外物”这观念——十分注重理性构造顺序的观念，是特别的。后来经验派就同他成反对的立场。笛卡儿已趋极端了。后来一辈人更趋极端。譬如说一个笑话，不必讲那一则、这一则的笑话，只要笑话的概念十分明白，自然会笑。这一辈注重理性的概念竟到这般田地。

（3）个人主义的知识论

第三层，是笛卡儿的哲学方法可算提倡知识、思想界的个人主义。他是注重理性，那理性是人人所同有的。所以各人不同的缘故，就因许多人被教育、成见、迷信、谬说所弄坏了，蒙蔽了。他自己正确判断的能力，辨别是非真伪的能力，自然是人人共有的，是平等的。

笛卡儿说：比如造一个城市，这有许多人住着的，是杂乱的，是没有条理的。假使是一个人去安排的，有条理有次序，便整齐严肃了。所以他说：人类思想界最好自己替自己打算，自己为自己计划。他一句，你一句，死人的意思，活人的意思，都是不可靠的。他希望人人能打算，能怀疑，把成见谬说一齐刷新，把自己理性建筑起来，人人能如此，社会便好了。

笛卡儿自己很守旧、很胆小、很怕事的，但他不知这方法，这思想，这“疑”的态度，这扫荡的精神，就是革命的方法。他是很老成的一个人，但可算作法国大革命的始祖。

后来法国大革命的首领也说：要把社会制度刷新，要把理性作为根据。这般影响，笛卡儿却没有想到，但这是很自然的结果。革命以后，法国人在大礼拜堂内造一个“理性之神”。现在在这些文学书里，常还见“理性”和“人道”这两个字，经常连用。这个观念代表理性是人类共有，这思想就是笛卡儿遗风。

五、经验派哲学

1. 培根

（1）经验主义的方法论

这派是以洛克为代表。讲洛克之前，先讲培根。培根生在笛卡儿之前五十年光景。培根时代是英女王伊利莎白时代，和英国大诗人莎士比亚同时。这个时代，是英国种种方面的扩张时代，无论经济方面、文学方面，都是十分发展。培根又是个政治家、法律家——是有名的律师，也做过司法总长，不是职业思想家。

他的兴趣，是实践领域的兴趣。当十六世纪末十七世纪初，美洲发现不到一百年，正是欧洲人眼界初次扩充时代。不但政治方面、社会方面在发展，即思想方面也是这样，想要找个新方法——适宜于这发展和扩张的时代的新方法。

培根觉得那时代是个新世纪，所以要找个方法，找个可以造成这新世纪的方法，可以引进这新世纪的方法。他的时代——十六世纪末十七世纪初——是打破种种迷信的时代，所以他的兴趣渐渐从天上归到地上，从神学归到人学，从“超于自然界”归到自然界。

这种兴趣所要找的方法，不是天堂的方法，是实地应用上找新世纪的方法，是要使得人类能有管理自然界的能力，利用自然界去造成人类的幸福，这是征服天行的兴趣。培根有句格言说得好：“知识是权力。”所以，他以为知识是要能征服天行，要能为人类造幸福。笛卡儿以前讲过是理性派的代表，他的兴趣完全注重学理上的研究，社会上、政治上种种实际的事情，比较不看重些。但笛卡儿很受培根的影响，他有些话，竟和培根一样。

笛卡儿说："推翻从前玄想的哲学，用实用哲学去替代它。这实用的哲学，可知道花、空气、星象、天体的作用。靠实用的哲学，知道自然界种种的作用，我们便可利用自然界的力，提供人类的幸福。我们是做自然界的主人翁，自然界的业主。"这话竟与培根相同，也想征服天行，使人类做自然界的主人翁。

（2）传统三段论的两个缺陷

培根要找出新方法，找出根据经验的新方法。他极端反对、攻击亚里士多德的逻辑——三段式推论法的逻辑。因为有两项极大的缺点：

①这是修辞学上的方法，不是思想上的方法。这种方法的目的，不过足以使我的主张、立说胜过别人的主张、立说。这种人同人的争胜，究竟没有什么用处。所以要找出新的方法，使人类足以征服自然才行。

②这方法是把从前知道的知识整理起来，还没有什么大用，依旧不能吸取分类的方法，整理的方法，有所发明。我们要找的是获取新知识的方法。

培根以为亚里士多德的方法之所以有以上两项重大的缺点，他的根本错误，在当作自然界种种的秩序，自然会合到人类理性的秩序，他不从事实着手，不根据观察的经验，这是极大的错误。所以培根主张一切方法，都要根据事实，观察要清楚，记载要明白，从事实里找出理性、条件、次序。我们应当观察自然界种种事实，找出道理。

（3）培根的新工具

培根把旧时的方法——从理性着手去配合事实的方法，作为演绎法；他这种新的方法——从观察事物着手找出理性的方法，作为归纳法。受到培根的影响，数百年来才知道科学方法应注重归纳法，可见这种方法的影响。但培根却并没抹煞理性，不过把理性作后来的程序。应先观察事实，再用理性，用理性去组织事实，用理性去找出道理来。

他有一段文章很有价值。他说旧方法偏重理性，还是没用，这是悬空抽象，由肚子吐出来的，是蜘蛛的方法。至于偏重事实，把种种东西堆积起来的，也没系统，这和蚂蚁一样，但知积聚东西，不能用理性去分配安排，这是蚂蚁的方法。要照他自己的方法，像蜜蜂一般，采取了种种的材料，制造过，融化过，去变作蜜糖。所以要从事实组织过，整理过，再找出精彩的结果，这是蜜蜂的方法，是培根的方法。

但培根对科学方法的贡献，并不是归纳方法。他没有说出方法来，他当时的科学知识很浅，不能有具体的明白的主张，不过他知道这经验重要，他是英国经验派的大运动家。他这种运动的背景不可不知。英国哲学至今三百多年间，多是受经验派的影响；至于大陆哲学至今三百多年间，比较趋向理性派一方面。所以讲培根只可作为英国经验派大运动的背景。

（4）英国经验主义背景

1688年，这一年是英国历史上很大的纪念，是英国大革命的一年，把很专制的皇朝推翻了，造成个新朝代，比较是开明些、受人民拥戴些。洛克最重要的著作，差不多都在这一年的前后出版，他的哲学，可谓英国大革命的哲学。

培根要征服天行，洛克却没有这样野心。他是自由主义的哲学家，他提倡使得个人都有自由思想、自由观察的能力。怎样能使人和人的关系加深？怎样使得人和人彼此互相敬爱、互相忍耐、互相容得？同时又能有团结力抵抗不正当的势力，去保护自由，造成一种自由的国民？他的影响，不仅深深印入英国的自由主义，即使美国独立之战时法国的思想界，也很受他许多影响，所以他可称是英国、美国、法国的革命哲学家。

十七世纪我们知道很多战争的事实。十七世纪中叶，又是革命很长久的时期，不但是英国，即大陆上也是长期战争的时代。他这原因，一大半是带些宗教的性质——不仅仅关及政治——是宗教的战争。

这战争的起因，是由于人的信仰不同、意见不同的缘故。这多少年的血战，多是带宗教的性质。不过这种运动，往往牵到政治上面去，所以看来也似与政治问题有关系了。实在根本都由于人类信仰意见的不同。

洛克受了这时代的影响，因此他要研究究竟所谓信仰、所谓意见，是怎样的造出和发生？是用人的心思能力可以解决的，还是不可以解决的？这超出人类的思想，究竟可以用人的思想去解决吗？这种意见、这种信仰所以引起种种误会的讨论，它的原因又在什么地方？

2. 洛克

洛克研究意见、信仰究竟在人的思想能力范围的中间，还是在思想能力范围以外的？那先要知道思想能力范围的限制，哪一步能知道，哪一步不能知道，先知道知识是个什么东西。洛克说："知识是从正确的经验来的。"这答案和培根相同。但培根不曾细细研究细细分析究竟什么是经验。洛克却从心理学方面研究经验究竟是怎么样，他的影响之所以大，就在能从心理方面说明经验是什么。

洛克的逻辑学方法的根据是心理学；换句话说，他的逻辑学以心理学为根据。平常觉得有信仰和不信仰，这不能算什么，应当研究何以起这信仰？这信仰是什么？心的作用是怎样？怎样把信仰引起来？明白了才可解决这问题。然而要知道这一层，非先把心的官能作用和算账一般地考察不可。明白究竟哪一部分是心的能力所做得到的，哪一部分是做不到的，才可讲到应信仰和不应信仰。否则如暴君一样，是命令的态度，或专制的手段，是自由的人类所不应该的。

现在讲到这一层：究竟信仰和不信仰，从心理方面的研究，是怎样？他的答案把经验分作两种：

①外观，研究外面的事物；

②内审，自己观察自己里面心的作用——感情和思想。

他说只有这两种的经验，就是外观和内审。

以上这两种：内审的根据，又根据外观。先从外观的意象，用心反审心的作用。只有这两条路，是可以算这经验的解决，可以作个标准，试验一切的信仰和意见。假如我有个立说讲得很圆满很中听，可以自成一说。

若问这思想是从何处得来的？可否分析到后来，得到很明了、很简单、很正确的经验？如其不然，是靠不住，没根据，不是可靠的知识。

洛克也是个文学家。他说无论一切思想，玄之又玄，飞到天上，腾到云上，无论怎样的高超，总是根据于事实，根据于低低在下的事实；要是没根据，总靠不住，他的立脚地总是站不住。这话对一种玄想表示不信用的态度，这是英人普通思想的共同性质，洛克可说是代表了。所以洛克又可说一方面是承上，一方面是启下。承上的方面，是有定性的发挥；启下的方面，是使得以后思想的发展格外容易。

洛克自己说：他重要的书，就是《人类知性研究》，他这书是讨论知识。著这书的动机，起于一辈朋友的讨论，到后来讨论不下去，发生了许多困难，许多莫名其妙的困难。他因此推想究竟困难在何处？恐怕还是人心的困难。究竟人心能力的限度，不曾明白，哪一步能知，哪一步不能知，自然莫怪讨论不下去了。

所以他著这书的目的，是要找出人心知识的限度范围。超出范围以外，心的能力便不中用，这些过了限度的推想，就是妄想。他最攻击武断、妄想、一切不根据于观察经验的学说。他以为凡是学说，都要有经验作根据。

他这一派的哲学方法，是完全要打破一切妄想——飞到范围以外去的妄想。他说：心的知识，不用一切都知道，只要知道一切东西，实用上可以应用就够了。譬如说行为的规则是什么？不必知道人生种种的行为，只需知道他里面的光明——心——好似一支蜡烛，它的光虽不甚强，但应用上已很够了，可以用不到存什么奢望。

今天不过讲洛克哲学方法的背景的大要，不能细细讲他的方法，这一层留到下次再讲。但以前所讲的，还不完全。要求完全，须得再讲洛克所最反对的最攻击的。他最反对最攻击的，有两项：第一项是先天的知识——这种天生的知识，就是不学而知的知识。

洛克根据经验，自然不承认天生的知识。但洛克的反对，还有特别的原因。他以为天生的知识，是一切种种武断、迷信、荒谬学说的护身符。这种知识，本来是现成的，用不到去思想，用不到去研究。换句话说，就是禁止你的研究、观察、思想。所以天生的知识，是造成天经地义的条件，是种种权力所凭借，用来限制思想自由的。

我们方才讲过这时期的战争，不论是英国，还是大陆，大半的原因，都起于宗教的信仰意见的不同，但是无论在政治方面、宗教方面，都可以利用这种天生的知识，说是种种的规条，是神圣不可侵犯的，用不到人批评的，更用不到人研究的，所以洛克要打破这种天生的思想，打破这种不用研究、不用考察的思想。

我们可以说洛克的哲学同他政治、社会的学说，都是相连贯的。他提倡自由主义的哲学，反对某种信仰、某种观念是天生的，就因于一辈有势力的，要制定某种学说某种信仰是天生的，使得他们可以安稳，使得他们可以享受特别权利。洛克要攻击这一辈人，要恢复人的自由权。他以为这思想的自由是根本的自由，这个自由得不到，其余种种自由都是不稳的，都是假的，都是没有根据的。

（1）滥用语言文字

洛克第二项最攻击的是语言文字的滥用。

语言文字乱用的害处，可说是种种武断、迷信、糊涂、荒谬学说的第二个护身符。

有许多荒谬学说所以能存在，完全是文字做保障。没意思的文字，看似冠冕堂皇，实在这种空文的文字用不到研究。他说仆人做的事情，件件都很清楚的；凡是法令，都很不清楚，都是模棱两可的，都是莫名其妙的。

最要紧的，是平常道德、宗教的观念——道德上、宗教上的名词——他说宗教、道德上的文字，都成了具文。许多学者的书，都是在这些空文字上争论，费了许多的时间，费了许多的精力，有用都变作无用。他所以要改良语言文字，因为去了文字的障碍，社会上才有标准；宗教、道德都用明明白白的意思，才使社会有所依归，宗教、道德有价值有用处。

至于他的方法，待下次续讲。

最初的两次讲演，是讲亚里士多德的逻辑——整理派的逻辑；第三次、第四次的讲演，是讲笛卡儿——代表理性派的逻辑；第五次的讲演，是讲经验派的逻辑，这一派的代表是洛克——十七世纪末的洛克。

他讲到知识的来源，以为完全由经验得来，所谓先天的知识——良知——种种生成的供给，对人类用空泛的语言文字表示种种很复杂很空泛的意思，往往容易造成误会，使人不能了解他的意思。这些都是上一次所讲过的。这一次就是讲这一派的方法——求知识的方法。

洛克这一派的方法论的起点，就是他认为人类以为有“天生的能力”。上次讲洛克反对先天的知识，以为人心很像一张白纸，并不是天生有什么良知，所有一切知识材料都是从观察得来：一方面是观察外面的事物，一方面是观察内心的作用。

须经观察才可以得到知识，这是洛克的主张。但洛克虽以为人是没有先天的知识，同时却又主张人有先天的能力，这个能力，即是求知识的能力，即是定人的知识的方法。凡是一切经验，均根据这自然的能力来的。现在讲这自然的能力，第一步先要明了自然的能力是几种怎样的能力。

（2）心的三种能力

人心的能力，照洛克讲起来，说是有三种的能力：

①组合的作用。

这组合的作用，换句话说，就是联合的作用，亦即是加的作用。把几种简单的观念加在一起，组合成一个复杂的观念，这就是组合的作用。譬如五官，那官能的感觉，只可供给我们散漫的知识，这一种，那一种，是极杂乱的，所以单靠官能的感觉，是不济事的。

像眼睛的看颜色，只知道红的、白的……耳的听声音，只知道高的、低的……手的触觉，只知道粗的、细的……单是这些官能的感觉总没有用。我们要知道这一张是桌子，那心便有加的作用，把眼、耳、手的感觉，加在一块，组合起来才知道这是一张桌子。这便叫作“组合”，这就是总合的结果。

②比较的作用。

这一个意象同那一个意象比较；这一个感觉同那一个感觉比较，这就是比较的作用。那比较的作用，于空间性是可使同时存在。譬如桌子上有茶壶、茶杯、墨水瓶，心的比较可使这几种的意象同时存在。又与时间性是有先后的关系。

譬如先看这一样，再看那一样，这亦是心的比较作用。于因果上是可以使得明了前因后果的关系，用手打一下桌子，有这个因，就可知道能得到发出声音的这个果。这都是很简单的，并不和人家讲因果讲得极神秘的一般。人的心因为有比较的作用，所以能看出时间的先后因果的关系。这并不稀罕。不过是比较的作用罢了。

③抽象的作用。

抽象的作用，即是把许多意象中抽出一个意象来。譬如说桌子高，把其余的意象都丢了，单抽出高的观念。许多人中间抽出个人性，许多树中间抽出个树性，至于普通的观念是没有什么高性、人性、树性，只有心的抽象作用，是把复杂的组合中丢去其余的意象，单抽出一个意象来。这一节很是重要，就是他不承认“类”法，一切普通名词、普通的观念都没有存在，都是人心抽象的结果。

这一种态度，不承认普通的观念，不承认它们有实际的存在，这个态度在哲学史上极其重要。洛克以前几个重要的哲学家均重视这个普通的观念，以为全称的普通的是最为重要。如希腊古代柏拉图、亚里士多德诸氏，都以为个体不重要的，个体须靠全称才有意思。即使笛卡儿一班大陆派也是这般主张。

现在到洛克却相反了：只有个体的东西是真的，全称的都是人心为方便起见抽出来的。这种见解不独在思想方面是开个新纪元，并且影响到社会上去，承认个人是真的，社会、国家均是人造的，均是为方便起见才发生的；所谓法律，所谓道德，都是普通的东西，全称的东西，都是人造的东西，只有个人有实际的存在。

方才讲的都是洛克方法论普通的起点。从这一点提出方法，这就是分析的方法。洛克以为许多复杂的意象，都是从简单的意象联合起来的。所以要知道复杂观念的真假，是没有法的，只有把这观念分析为各部分，分析到极简单的地方，才可知道它的底蕴；要找出它的缘起，找出它简单的各分子，才可知道观念是错了，错在什么地方。

譬如我们举几个例子：哲学上许多繁复的观念，什么时间的观念，空间的观念，或是物质的观念和心灵的观念，伦理学上又有什么公理、人道，政治上什么主权……种种的观念，都是很繁复的。

洛克以为一般学者用许多复杂抽象的名字，把人心弄糊涂了，弄不清了，所以他的方法要用极简的分析方法，使得一些常识的人都可以明白的。他以为把这繁复的观念解剖起来，究竟这个观念是什么东西造成的，把这观念完全的意义都明白了——他所由来的缘起亦懂得了，自然明白，不致糊涂了。

照洛克讲，无论怎样复杂的意思，都可这样地分析起来。譬如一所很精致的屋子，是什么东西造成的？分析开来，什么砖哪、石哪、钢哪、铁哪，就可以研究，明了它的分子，知道它一步步的造成，那屋子的构造和内容，自然明白了。

意思亦是一样，无论怎样繁复，终可以分析开来，分析了便可找出它错或假的分子了。从前所以容易受欺，就是被大名词震骇住了，不去分析，如果分析，可以知它底蕴，明它真相，和屋子一样，我们便不致受欺了。

（3）分析方法的两个关键点

这方法我们要留心两项重要的地方：

①是批评的方法。这方法要批评种种观念，对社会上许多复杂不易解决的抽象名词，都要分析开来，分成许多小分子，然后观察它的真伪，明了它的底蕴，这就是批评的结果。

②是历史的方法。这方法注重了分析解剖，因此连带兼及

到历史的关系，看它发生了的原由，讲论它的由来，从复杂的中间看它的组织，再每部研究它的所由来，这是历史的方法。

（4）批评观念

我讲他方法很简单，很难使人知道他在历史上的重要。但是我们要知道洛克是在十七世纪到十八世纪的初年，这个时期在西方史上是新旧过渡的时代。新文化发生了，这一种自由运动，差不多有到二百年的势力；但是一方面在欧洲一千多年中古时代的旧思想旧迷信，还是很占势力。这是自由主义和中古文化正在冲突的时候，新思潮已有了根据，旧势力还没有排除；自从洛克出世——这自由主义的哲学家产生了，才供给新思潮运动一种重要的武器。这个武器是什么？分析的方法。应用这个方法，把旧制度、旧思想、旧迷信分析起来，研究何以能成这种制度、思想、迷信，就容易明白错处，这是破除迷信的重要武器。

洛克死后，他的学说在十八世纪的影响最大，影响了法国人的思想几百年。十八世纪是破坏时代——理性的时代，对旧制度、旧思想、旧迷信竭力破坏。十八世纪人们把中古时代称作“黑暗时代”，自己是“启蒙时代”，从黑暗到光明。这个时代，洛克的方法应用得很多。不但学说思想上应用他的方法，政治、社会方面应用也很多。对种种制度，都要分析起来，求个究竟，明了含义，真伪就自然清楚了。把从前很腐败的东西看破，看破以后就容易扫荡了。所以这时代洛克的学说很有影响。

（5）求取知识

方才是第一步——洛克分析的方法应用到种种观念上定观念的效用；第二步是求知识的方法。现在先讲知识的定义：洛克说知识是认清两个意思是否相合，是否不相合，这是一种知识简单的定义，很容易看出。譬如现在说肯定的话："杯是白的"，便要看杯和白是否相符合。说否定的话："杯不是黑的"，我们便要看杯和黑是否不相符合。所以他说："知识是找出两个意象是否相合，是否不相合。"

譬如我举个例子："政府的权力和个人的自由有何关系？"那不容易明白。再简单说："这个屋子比这张桌子要长多少？"那还是不容易明白，一样讲不出来。但是有法子，我们先求屋子的长是多少尺，桌子的长是多少尺，分到简单的尺数，那屋子比桌子究竟长多少，便容易知道了。用这同样的比例到知识上去：把每一个复杂的观念，分成简单的分子，那简单的观念，人人便容易知道了、明白了。总而言之，洛克想把复杂的东西解剖起来，使得平常人都可用常识去观察，都能懂得明白，这是他方法论重要的一点。

（6）推论必须讲次序

知识的方面已讲过，现在讲理性。理性的方法，又和笛卡儿、亚里士多德的推理不同。他以为知识是比较两个观念相合不相合，理性是比较两个观念以上的无数观念。理性的要点，第一是不可越过次序，要一步步地推论。

譬如有二十个命题，不能从第一、第二个前提，忽跳到第二十个断案；假使如此，旁人就难明了了。必定先将第一和第二比较，看是不是合适，再依次递推到第二和第三，第三和第四……一直到比较第十九和第二十，都要没有错，没有不符合的地方，好似链子一般可以贯串。这样照历史的方法一步步找出来，可使人人都懂得。总之，复杂化简单，繁难化容易，要使人人都容易了解。

（7）平常人的推论

我们可以用洛克自己举的例子，明白他推理的方法。他说："一个乡下老太太，害了回热病，才好得不多久，但是穿上很少的衣服，想要出门了。这时有一个人和她说：'天气快变了，怕要刮风，风起了还也许下雨，下了雨要湿衣服，你衣服穿得不多，一定会淋湿，淋湿要生病，你又是病后，怕要复发。'这么一说，这位老太太便知道不出门了。假使那个人同她说，单说'下雨……害病'，截去了中间许多话，那位老太太怕就不容易明白他的意思了。"

洛克说这是平常人的推论。平常人的推论并不是三段式推论法，大前提、小前提，然后再下一个断案。

洛克接下去说："这是平常人的推理，只要关系明白，成了贯串的关系，每个人都可以推论，用不到三段式推法。假使把方才这些话变成三段式去告诉那位老太太，恐怕要不明白了。可知这种三段式并不是平常人的思想。亚里士多德的思想，亦未见得都从三段论法中得来。上帝造人，并不是单造一个躯壳，必要待到亚里士多德以后，才会有思想。"

（8）洛克对三段式推论的批评

洛克攻击三段法，是他论理的方法和以前不同。还有一层，古代推理时一定要个大前提，那大前提是要最普遍的、全称的——凡人是怎样，凡动物是怎样——这普遍的全称的大前提在古代是不可少的，一切理论都是从普遍的大前提着手。笛卡儿亦是这样。

洛克却用不着普遍的、全称的大前提，一切推论，都是个体的关系，只是要这一个个体和那一个个体的关系不要弄错便够了。方才说的"天变……刮风……下雨……受湿……害病"是一贯下来的，这是经验派的方法，这派方法和以前方法的根本不同，就在不承认普遍的全称的名称，这都是为方便起见，是人心造出的，功用并不重要；这派只承认有个体的存在。

洛克以为一切人的动作行为都根据知识思想。人的观念错了，他动作亦不会对的。这派方法重要的所在，就是使人有正确明了的观念。何以他注重个体——注重个体的观察呢？因为只有个体的事物可以观察，可以用人的常识经验来观察。何以反对全称、普遍的名称呢？因为全称的普遍的，是不能观察的。张三是可以观察的，因为是个体；一切人是不可观察的，因为是全称。洛克要使人人的平常经验能够观察得到的，所以注重个体的事物，反对抽象名词。

这一层是经验派的方法的中心问题。经验派的方法要使人心离全称的——糊涂不明白的——抽象名词，回到个体的事物。换句话说，就是回到具体的观察，使得易于正确易于明了。这是中心问题，其余都是从这方面引申的枝节方法。

（9）经验主义的缺点

现在要批评这派方法论的缺点，提出的都与下两次讲演的实验派有关系。何以单提这个呢？因为实验派和经验派有很相同的地方。这两派都承认一切知识全由经验来，不容易找其中的差别，因此提出几种缺点，可以表示差别所在。

第一个缺点是它的方法仅仅是批评的方法，破坏有余，建设不足。

旧制度、旧思想和旧迷信，一样样地都解剖了，这是很容易的；但只注重分析，分解成了小东西，在创造方面不能预料、推想将来，不能预先安排布置，要建设理论系统，分析方法就不够用了。所以这种批评的方法，破坏有余，建设不足。

为什么这种方法只可分析、破坏，不适于建设创造呢？根本原因在于，洛克对经验的见解不同。洛克把经验看作一片片、一段段、一块块的小东西，却不注重这些片断经验的关系，以为经验是片断的零碎的东西，没有组合；所有组合，都是人心造出来的，经验本身零散混乱，没有联系——所谓空间、时间的关系都是人的联想。

这种见解，得到后来者休谟的大力发扬。从他的哲学看来，他把经验看作无数不相关联的小分子。这种结果，近乎极端的怀疑，以为一切经验都是偶尔如此的，不必一定如此。这样要弄到没有科学亦没有真理的地步，因为科学所以能存在，就在承认经验中事实的本身有一种关系，才可以找出通则和公理，现在把关系都看作人造，科学就不能存在了。

又，他人生哲学上的结果，只承认单独存在的个人，因此求快乐求利益，认为有利益上的关系，便可以聚在一块，结果要成极端的个人主义。所以把经验看作零碎分子，是很有大缺点的。

还有一个缺点，他讲的经验是被动的，不讲主动的动作——心灵是一张白纸，凡是外来的影响收下就是了，这是不够的。经验必须能活动、能创造才行。至于究竟我们的知识作用怎样，下次再讲。

六、实验派哲学

今天是这个讲演的第七次，讲演第四派的哲学方法。我们从前讲演的第一派是希腊的系统的方法，第二派是大陆方面的理性派，第三派是经验派，今天提出来讲的是实验派。从前的讲演，都先讲哲学方法发生的背景，就是为什么发生这种哲学方法，然后再讲到方法的自身。今天也是如此。先讲此派哲学方法发生的背景，而把哲学方法的自身放在下星期再讲。

我们虽把理性派的哲学方法用笛卡儿来代表，而以洛克代表经验派的方法；但要知道，我们所选出来的真是所谓代表，历史上主张这两派的并不限于这两人。从 1600 年直到 1856 年，有 250 多年最激烈的长期争论，其论点就是"理性"与"感觉"所占的地位。

理性派主张有许多定理都是全称的、普遍的、先天的，只可从理性得来，而不能从感觉得来。洛克一派以为无论如何高深玄妙的道理，总之以经验为求知之门；凡是不从经验来的，都是不正当的。这个纷争直到十九世纪中叶，还没有完。

今天要讲这一派的绪论，先把那两派——理性派、经验派为什么每家都要纷争到这样厉害的动机说一说。

1. 经验派和理性派争论的动机

①他们以为知识不是少数人独有的，而应该以平常各个人的经验为知识的根据，去考证理性的知识。只要观察正确，知识都是平等的，没有什么专门学者与平常人的分别。

②他们以为注重理性的结果，一定要想入非非。经验是切实的、具体的、可以考核的。经验的范围虽然较小，有许多事确有经验所做不到的；但是十分妥当，没有危险。

③他们以为经验与感情所及，都是人生日用的生活；所有相关的事实，都在人生范围以内。自培根以来，英国这一派都主张征服天行，替人生实用做工具。所以洛克一派，注重经验，其目的即在求得人生实用的知识方法。

2. 理性主义的三大主张

在理性的一方面，恰恰与经验主义相反，其主张的动机也有三端可以举出来。

①他们以为经验是不正确的、没有一定的、靠不住的。经验常常要变更，如生理上境遇不同的时候，病的时候，其经验都与平常不同。经验不同，自然实用上也不能有坚定的行为。所以只有理性是靠得住的。

②经验派自己以为注重实用是长处，但由理性派看来，却正是他们的短处。经验所限，其实用的范围很小，都偏于机械的物质的一方面；而精神理想的一方面，都是感觉所做不到

的。所以只靠经验不靠理性，便把较高的精神一部分丢了。

③如果完全依靠经验，一定被过去所限。凡是经验，总都限于过去的，往前的推想、预算、指挥，都不是只靠感觉的经验所能。经验派不过为过去的奴隶，对将来的布置、筹划、建设，只认为不可知。不知将来，便不能指挥现在。只有理性派有布置、筹划、建设将来的能力，所以也有指挥现在的能力。

我们为什么先把理性、经验两派纷争的动机讲述一遍？因为知道了他们的争论点——两方提出来的长处和互相攻击的短处——然后可以介绍到最近几十年来对经验的新见解。这新见解包含从前经验派所提出来的长处，应有尽有；而从前理性派所指出来的短处，都能免掉。

从这新见解，可以把三百年来的纷争暂时解决，重新回到有系统的现状。这问题确是高深而且重要。他们两派也并不是无意识的纷争，我们现在且看这新见解能不能把他们两派的争端解决。

3. 思想界的三大变化

以下我们要讲近几十年来的三件事实——原因。由这事实，我们对经验的见解统统改了。不但把从前经验派所主张的官能的感觉打破、推广，还能包括理性的一部分在内。

（1）生物演化思想

第一件事实，是生物进化的观念。

这是最近代的说法，1859年达尔文在他的《物种起源》里面正式宣布的。但是与经验有什么关系呢？这答案很简单，就是从前不但把官能感觉当作死的，专为求知用的；即脑筋和神经系统也当作死的，专为思想用的。从有了生物进化的观念以后，把神经看作生物进化的工具，也是一步一步进化来的，与肢体一样，随环境的不同而进化。

照生物进化的学说讲起来，世界生物的历史，是漫长、有趣且热闹的一出戏。从前的低等动物，没有完全成型，脆弱地在世界各个地方生活；由于要在各种不同的环境中谋生，渐渐有新机能出来；有了新机能可以生存，没有了便要消灭。于是新机能一步一步地越加发展，直到高等动物，机能比低等动物愈高，其应付环境的力量也愈大。

照这一出戏看来，不但呼吸、消化、手足等官能，是对付环境的结果，就是视觉、听觉的官能，也是进化的结果。生物要有这些东西，并不是因为好看，是要使生存的能力增加，所以都是生存的工具。

譬如用眼睛来做个例。眼睛所以能看东西，并不在为求知识。它能前后左右看，像人的样子，是生物从前所以应用的如保护自身、保护子孙、躲避敌手、攫取远处食物等，都是眼睛应用的事体。眼睛是生活的工具，使生物得种种警告。其余听官、鼻官等，也是同一道理。就是脑筋，也不单为求知，而在对将来推想、预算、计划，也是生活的工具。

这种讲法，把眼、耳等官能以及神经，都看作生活工具，不仅为求知，其影响在乎把知识的意义也变了：知识不是呆板的，知识的本身也是拿来应用的。从前两派所争感觉与观念哪个正确，哪个不正确，都因为不知道知识的价值不在本身而在应用。譬如“手”，照从前的讲法，一定要讲“这手是否真能代表自然界的手”？这简直不成问题。真正的标准，是在看它应用时有什么价值。

照从前的讲法，把人的知识看作一面镜子的样子，把“实在”照下来就是。这样办法，那自然要争了。经验派说我的镜子清楚，照得真；理性派说经验只能照粗浅低下的一部分，而不能照高深玄妙的一部分。

但用生物进化之理来讲，知识并不是镜子，是用的东西，各方面都用得着。感觉、理性，都是帮助有机体的生存能力：警告它危险的东西，叫它驱避；指点它有用的东西，叫它攫取，并不是呆板去照“实在”是什么。思想、知识，是把已知的作为根据，推算将来，所以不是应用的东西，不是映照实在的镜子。

（2）新锐的心理学

第二件事实，是新心理学的产生。

这个观念很重要，也与进化论有密切关系，也可以并作一事，但分开说较为注重，可以格外明了些。经验派的短处，在把“感觉”看作唯一的材料，经验的对象，就是感觉。新派的心理学完全不承认这种说法。以为感觉不过是戟刺生物，使它运动的。所以这派心理学可以称为行动心理学。

怎样叫作行动心理学，与从前的心理学对“感觉”有什么不同的地方呢？从前把感觉看作唯一条件，现在以为这不过戟刺我们运动的，向那一方面进行或驱避。手足的运动，眼睛的四顾，都由感觉戟刺起来的作用；每一感觉都是指挥或节制行为的。譬如到大街上去，汽车、马车、人力车很多，要走过去，必须眼、耳、手、足同时运用。这时候晓得官能并不单是被动的感觉，而在时时指挥运动的方向，可以平安经过这条街路。又如用细刀刻木，手与视觉也是如此。每一个感觉都指挥运动一步一步继续前进。

理性派批评经验派主张的感觉没有条理和系统，好比一个人站在地上乱转，转得头晕目眩了。这话虽太极端，然感觉如不管他的用处，的确是没有头绪的。但照新心理学讲，感觉以生物的活动为中心，每一感觉都是帮助活动的，把糊涂杂乱的都变得有系统有条理。如站在前门大街上，产生许多感觉，他要找没有车的地方走去，自然是有系统有条理有意识的了。

（3）科学方法的系统研究

第三件事实，是最近有机会研究有条理系统的知识思想究竟是什么东西。

知道了作用，真相就渐渐清楚了。从前理性、经验两派的纷争，直至最近科学的思想方法出现以后，才知道都是错的。以前对有条理系统的知识思想，不甚明了，科学发达以后，有人研究科学的思想方法是什么，所以对经验的新见解，很迟才兴盛起来。

这第三个事实是科学方法研究法的发明，其内容下次再讲，今天先提几个重点。依科学方法的眼光看来，经验派对全称的通则，完全看不起，这一层经验派错了。全称的通则，在科学上占重要的位置，没有它便没有科学了，怎么可以完全看不起呢？但是理性派把它看得太重了，以为本身有价值的，这也不尽然。

这些全称的通则，其价值在一方占住中心位置，一方能把散漫者整理起来，变得有条理有系统，作为预算将来的用处。用处虽大，但也是一种工具，本身却没有什么价值。

全称的通则或定理的用处，把分别的、无关的、碎漫的事实连贯起来，找出条理系统。没有这一步，就是得了一百万种的零散观察，也是无用的。图书馆里的书，只记得许多目录，可以算有学问吗？在没有系统条理的地方，找出系统条理来，这确是通则定理的用处。这一层，理性派不错。

但是理性派把这些通则定理看作独立的，不受经验的限制和证明，那也错了。

通则定理虽然有用，但照普通律令，也应受科学检验，凡经得起检验就存在，否则新的也许可以推翻旧的。理性派以为自己提倡的观念超越经验，怎么错呢？举个最近的例子：牛顿的万有引力说在科学史上可以算得上完美无缺的了，大至天地，小至一点，都与引力有关。但是，这样普遍的定理，还是让德国学者爱因斯坦修改了。

他把学理研究好了，发表出来，说：我这不过是一种理想，如果若对的，下次日食的时候观察有某某之事实，可以证明。最近的一次日食，他们依他的指挥观察，果然看出某某事实，这学说于是证明。三百年来大家公认的定理，尚且可用几分钟的时间证明修改，那普通的定理须用经验来修正，自然不待说了。

我现在把三种事实总在一点上。开端时对经验有一种批评：经验是限于过去的，如果积起过去的经验来，不能悬想将来，那是回想的，不是进取的。现在合起三种事实来，就是以经验为生活，继续前往，期望新的将来。不但记得过去的，还要向前进取的，把从前理性派批评经验的短处都取消了。

我们必须知道，过去的经验，已成陈迹，无可奈何了。只有一件事，可以支配挽救，就是“将来”。但是走到将来有两条路：一条是暗中摸索的、瞎碰的；一条是根据过去的经验，依照预定的方针，用心思、有意识地向前做去。将经验看作生活，知识看作生活的工具，预算怎样可以管辖将来，不为潮流卷去。

所以此派学者对逻辑非常注重，以为非此不能整理过去的经验。此点最为重要，是实验派哲学的中心。他们要找一个方法，为人类做工具，管得住现在能胜任的一部分，以便将来可以为力，一步一步有意识地去做。

4．“经验”的三个重要之处

上次讲经验有三种重要之点：

①经验是生活。生活是从过去到现在，从现在到将来，绵绵不绝的历程；因过去的经验，预备将来的生活，这是从旧到新、递进不已的。

②由于这个缘故——从旧到新的缘故，我们对付将来的能力，全靠我们能不能管得住将来，预料将来，利用过去的经验去推测将来，以便我们有知识的系统的行为去应付环境。

③所谓方法问题，并不是找出方法，作形式上的论理便算了事。所以要有论理的方法，就是当它做工具；推算将来的结果，才可定现在的方针。所以方法问题，并不是形式上的问题，是实际上的问题。这是上次我们讲实验派重要的结论。

这次是讲它的方法，讲这种思想方法的大纲。先举个很浅显的例子，就是平常没有学过逻辑学的人，没有学过哲学的人，都能应用的。这并不是这一派那一派的方法，在平常人看来，虽不是方法，但能不知不觉应用这个理。譬如一人要走过一条车马很多的街，要从这边走到那边，这时很和“人生”一样。人一生有许多时与过这条街的情况相同。人生也是一条大街，很复杂很危险的长途，很不容易过去。所以现在先举这个例子，再讲它的方法。

5. 经验验证的步骤

拿这个例子来看，这人要走过这很挤的街，第一步是怎样？那第一步是先“观察”——观察情形。这边有车来了，那边可有没有？现在行路的人是很多，什么时候才可以少一些？要到怎样情形，才可安然过去？

这是第一步，无论何人都要做这一步的。这点要注意。这种观察同经验派——第三派——的理论，有两种根本不同的地方：这是自动的，不是被动的。经验派把外面的影像印到心上，如白纸一般完全收进去就是了。这却不然。这观察是自动的，由自己眼观四处、耳听八方得来的。这都是一种动作的结果，并不是单把一件一件影像收进去的。我讲观察，不单是观察就算了。观察的结果，要应用，要把来做推论的材料，并不是为观察而观察，和照相一般摄一个影、收入些影像就完了。这又是个不同的地方。观察后第二步，就是要下推论。我们推论惯了，往往不觉得是个问题。实在推论都是问题，从现在的经验推想到将来，看什么时候可走过去。从逻辑学上讲来，这是个问题——这是从已知推到未知，从已过推到未来。我们所以能推论，全靠有过去的经验。

这第二步的推论，就是把种种相仿的经验，拿来和现在的情形比较，才可以推算几时可以过去。如果没有经验，他没有东西比较，就不敢过去。比较以后，才下推论，才能从现在推到将来。

方法的第三步，是人的动作行为。

观察后有材料推论，可以判断这情形，第二步就是照推论做法，实行这判断。

假如这人看准了，或是不动等半天，或是立刻冲过去；或动或不动，这是他的行为，是方法的第三步。这一点和从前几派根本不同。以前从没有一家把行为归在方法里——思想的方法里，加第三步的行为——我们为什么要把行为归在思想方法里呢？因为行为亦是很重要的。假如这人观察后，单下个推论，但不照这推论做去，那么，他的推论错不错，他究竟能不能过这条街，我们不能知道；他有了行为，便可看出了。他也许是个近视眼，没有观察清楚，他自以为不妨，走过去竟被冲倒了；他也许推论不得当，他把汽车的速度当作骡车的速度，走过去遭到危险。

他走得过去，便足以证明他观察推论得不错。走不过去，亦足以证明他的错误，下次可以不犯这弊病。所以我们的行为是证明，是真正的证明，是实际上的证明，可以证明这两步的正确不正确。没有这一步，观察推论得错不错，便不可得知，所以这一步亦是思想方法的一步。

现在所以要举很浅的例子，要说明科学方法就是各个人平常用的思想方法——平素日常应用的方法——它的不同地方，不过程度上的不同，性质是一样的。科学方法，比较得有条理些，有系统些，要格外精密些、小心些，实在还是一样。

6. 普通观察的两大缺点

我们从第一步看，看科学方法同普通人思想方法不同的地方在何处？普通的观察，有两大缺点：

①对很高、很大、很明显——表面上的东西，太注意了。

②对小的、微细的、隐藏的——不容易发现的，太不留意了。

这是两大缺点。科学方法欲免去这缺点，不想看成十分重要的，还要进一步看精密的东西。但是这不容易观察得到，所以不全靠官能的感觉，还须靠人工的器具——望远镜、显微镜等——使得重要的东西，不轻轻放过。这是科学方法同常识方法不同的地方。

所以我们在科学观察上，有种种辅助品：观察远的，有望远镜，小的有显微镜；研究光的，有折光镜；还有寒暑表、风雨表等种种人造的器具，供观察不到的地方用，比表面上的观察更进一步，更要看得精细。这还不够，还要使我们观察格外正确，用数量的量法作精密的计算，使得极微细的，都不能逃出我们观察之外。所以科学方法和常识观察，只是程度的不同——精密不精密的不同。

7. 科学方法的两个步骤

第一步：观察

在这地方最重要的一点：科学方法的观察是有目的的，别的方法论也注重官能的观察，但它们当作本身是目的，这便错了。我们是为了旁的事情观察，观察不过是工具。为什么要观察？因要解剖某种事实，或指定一种困难在何处，所以要观察，要研究。

科学方法绝不单是观察，是无所为而观察的，要有了问题——情形，才行。普通的观察，它没有把情形解剖、分析，没有把困难所在指出，轻易判断是很难的。科学方法要先考察过，才下判断，所以我们说观察是工具，是引我们到第二步的。

我们观察是有所为而观察，所为的要规定困难点在何处，把这种情形解剖起来，指定困难，这是观察的理由。科学方法，好似个医生，医生最重要的是诊察，他不先听病人的话，他先拿器具来试验他的热度，考察他的大小便，先这样观察，定这困难的所在，拿来做下断案的预备，没有观察诊断，不能确定这困难之处是什么。

近时科学和古代科学不同的地方，它重要的一点，即是方才讲有观察的用处，并不是观察可以解决。从观察里找出解决，是错的。观察不过供给材料，指定困难的所在；换句话说，就是观察引起问题，但不是解决问题。古代科学讲：这物何以下坠？因为是重的。何以不下坠？因为是轻的。它用官能的感觉，来解释这问题。近时科学便要研究它何以重的会下坠、轻的不下坠？我们知道所谓轻重是结果，并不是原因。它的原因在地心吸力。吸力是它重要的原因。假如在地球外，火星或金星里，它的吸力不同，轻重的量也不同了。其余光也是一样，古代当作　种问题，我们却知道是由磁力、电力来的。所以观察只可帮助指点人一条路。

第二步：推论

照我们讲，观察无论如何正确，都不能解决问题，还是要推论——第二步的功夫。推论是从现在到将来，从已知到未知。推论都是冒险的，所以科学方法和普通思想方法第二个区别，就是科学要用种种方法管住冒险，使危险减少，使推论做到稳、正、当、确的地步。方法越精密，冒险的性质越减少。这是科学方法和常识方法的第二个区别。

8. 科学方法杜绝无谓的推论

防备危险，这是科学方法的重要问题。科学方法管住推论的冒险有两项，分作两层来说。

第一层的保障，是打破习惯

譬如那过街的人，他的推论，根据于过去的经验。往往过去经验，变作经验固定，成了习惯，很难打破。科学方法第一步管住推论的错误，便在打破习惯。因为思想习惯固定以后，往往被它拘牵住，于新的情形之下不能应用。昔人信地是扁的、平的，地是不动的，太阳天天绕地球转一次。我们现在知道地是圆的，约三百六十五天，地球绕太阳一周。

我们要知道何以以前几千年都相信这些说辞，这全因根据于固定的经验。看惯了扁平的东西，推到地球，以为也是扁的；看惯了动的东西，推到太阳，以为也是动的。所以科学方法要管住冒险，最重要是打破习惯，比较参考，哪一种可用，哪一种不可用，这才真正是应用。

要求打破过去的错误的经验习惯——经验固定，没有别的办法，只有把经验的范围推广，有比较的材料，大同小异的，小同大异的，异中同，同中异，把各方面多比较一下，才可把固定的习惯打破。有系统的科学，都是许多经验——不同的材料比较参考。所以科学绝不是由一个人就能制造出来，而是全社会的产品。

科学并且是世界的，没有国界的，别国人的经验也可以供参考，一偏之见是不行的。生在热带里的人，假使他没有地理上的知识，绝不会知道流动的水会结冰。在低温以下液体可变作固体，这是很浅的理。科学方法就因此要搜集许多材料比较参考，打破固定的思想习惯。

第二层的保障，就是根据种种材料，从这里找出普遍的概念

这概念是讲关系——因果的关系或先后的关系，这就是通则，是科学上的道理。通则的用处，在于把琐碎的找出条理系统，把种种事实归到定理里。但我们要知道：通则不单是简单的作用，在推论上有保障。根据经验的通则作指挥，格外可靠一些。

在科学书里，都知道科学多通则——科学的律令——但我们要知道这一条条的定理，何以这般重要？真正的科学在于能把这些东西应用到经验上去，使很复杂的经验成了定理，便可使保障推论时格外稳当。

何以有定理是稳当呢？譬如个医生，诊察后下个判断，说是肠热病，他绝不单根据观察事实，还须根据定理。他知道定理：在某种情形之下是肠热病，凡是肠热病，都是如何情形的。他一方面根据事实，一方面根据定理。有了定理，才可以

免除危险；从已过推到未来，才可以有把握。

现在可以看出这实验派的方法论，同别派的区别地方。比较这一派的长处，那第一派是整理、系统的方法，它注重系统、类别。但我们讲它所以重要，不过用时格外方便，至于本身，并不是目的。那第二派是理性派，注重定理，固亦不错。但我们所以承认，就因为推论时有根据，可以保险，并不指它本身是目的。

第三步实行——动作行为

无论观察如何详细，推理如何正确，都算不了真知识，要使之成为真知识，非经实行不可。实行把推论实地试验一下，观察推论是不是正确。没有这一层，只可算是假设，不能说是真理、真知识。

科学的实验，即精密的实行。把学理上应发生的效果实验一下，看这效果是否发生。有了实验，才可以成真理。实验是实行，并不是糊糊涂涂的实验，像小孩子烧药品一般。最重要的是要有计划，要有把握的计划。这种实验的结果，是正确观察推论的结果。

9. 实验主义小结

我们讲实验派的方法，总括有两句：

①实验要使知识、学问、学理格外切于实用，不是空的无用的知识。

②使人生的行为格外根据有意识的行为，受知识的支配，不要作无意识的盲从。

我们再放眼一看，古来多少学理，都是些纸上空谈：有多少行为，都是些茫无意识。我们从这两方面上想，所以实验的方法是世间人类幸福唯一的保障。

现代的三个哲学家[1]

一、詹姆斯

1. 生平简介

詹姆斯（1842—1910）。詹姆斯哲学最重要的，是在 1891 年出版的首部著作 1000 余页的《心理学原理》当中。这本书之所以重要，有以下几点原因：

第一，詹姆斯后来哲学的元素，都包含在这部书里——他的哲学，是从心理学入手的。

第二，詹姆斯的哲学是科学的，不是玄想的；这个科学，不是物理学、自然科学，而是研究人性的心理学。这个事实很重要。他的兴趣，完全在人的方面，与人性有关的方面；又因

① 杜威从1920年3月5日开始在北京大学讲演，共计6次。

为他注重的心理学，是科学的心理学，从人性入手，从经验入手，所以把历史上遗留下来已经不成问题的问题，都一笔勾销了。这也是以心理学做起点的哲学的重要之处。

2. 詹姆斯的艺术家气质

讲到他一生的重要事实：他是个科学家，又是个艺术家。他学油画，很有艺术家的天才与训练；他的兄弟——亨利·詹姆斯，是近三十年来英文学中一个小说名家。他有艺术的家风、天才和训练，他讲心理不但解剖人性，而且能以艺术家的眼光把心的作用看成戏剧，以文学家的眼光当作戏剧写下来。

他曾经说过，从前的人把哲学当作辩论，是错的。哲学是眼光、观点。当作辩论看，辩来辩去，有许多问题只是为了辩论而产生的。现在当作眼光看，就有艺术、文学的双重价值。

詹姆斯以艺术家、文学家的能力研究心理学，他的心理学和哲学，有血有肉且有生命，不是死的，但有骨骼、有框架。他对从前的人不满足，以为他们的大毛病在将单纯的心理学者的观点与当局者的心理现状混淆在一起，换句话说，就是以旁观人的观点代替当局者心理的观点。旁观人安闲无事，拿去代替，自然不可能清楚。

他晚年在一篇短文《盲目的人类》中，就主张不能用自己的观点代替旁人的观点，应该容纳领会旁人的观点；如果处处取旁观态度，不能设身处地，就绝不能得到真理。他把身临其境看得非常重要。他很恭维新诗人惠特曼，因为惠特曼能把种种留传下来的文学区别都打破，只择取人类共通的、普遍的、基础的东西。处处都是抽象的空话，结果忽视了普遍的、基础的、共通的东西，才养成人类的盲目性。

3. 多元的真理

詹姆斯注重人类共通的、普遍的、根本的、初等的之点，但同时也注重个体的特别不同之点。他的哲学中最注重个性，反对绝对派主张“真理是一个”的哲学。他在这篇《盲目的人类》中有一段说，没有一个人能知道真理的全体。每个人只能在他的观点上、立场上得到一种特定结论。人利用特定的位置只能得到特别的观点，不要妄想推诸万世而皆准的真理。

詹姆斯的哲学，注重共通人性，也注重个体，从这两个基本立场得到：彻底的经验主义和多元论。前者主张人类经验是共通的、普遍的、基础的，不能用几个抽象的名词包括。后者注重每个人都有特别的个性，断无绝对的推及万世而皆准的普遍原则。他晚年有“多元的宇宙”的主张，就是为了反对一元论而来。他所最恨的是主张“整块的宇宙”。

4. 詹姆斯的哲学基础

他把生物演化应用到心理学上。他早年研究心理学时说：现在很少有人承认人的智慧是因为实际利害产生的。生物进化的道理，介绍到心理学中来，就是把一切心的作用都归结到

“反应作用”的观念上。例如强光射来，眼睛自闭。外面无论有什么刺激，内部一定有反应作用起来应对，不管刺激复杂简单，反应都是相同的。路上有人挡路，我们就会自动避让。这类动作，也属于反应作用，以动作为中心，而不是以知识为中心，因为这动作是应对外面的刺激。

詹姆斯说：人类知识，不过是反应作用大圈子中的一小部分。低等的动物，很容易看出，他的感觉完全是为实用的。就是有意识的高等动物的人，也是如此。人类知识的重要问题，不在于理论上是什么，而在于实际上怎样做。

5. 知识属于心理作用

詹姆斯在他书中曾经说：知识是心理作用的一部分。一方是环境的刺激，一方是有机物对刺激的反应，知识不过做个中间人，看看某种刺激是什么，怎么对这种刺激做出反应。因为知识应对刺激做出的反应越来越多，人类竟有主张为知识求知识的观点。

介乎中间的知识能使刺激和反应略为停顿，有计算筹划的余地。如果刺激和反应中间没有知识把它们分开，却让它们直接接触，会造成恶劣的后果。有了知识，人的行动就靠得住了。例如火，没有中间一部知识：飞蛾见了，立刻扑来，被迅速烧死；小孩见了，就知道这是火，炽热烫手；大人知道火会烧死人，就赶快跑了；再进一步，知道火可以用水扑灭；没有着火以前，装满水桶预防着；知道制造救火机器，专为救火；再进一步，知道研究火的燃烧发生了怎样的化学作用。

6. 演化论的心理学

这种以进化讲心理的观点，可以从他为心理作用所下的界说看出来。心理作用有两种表示：

①为了未来的目的而做；

②选择能够实现目的的方法器具。

有这两种表示，才算作心的作用。一直以来，人们把心理作用的这两个部分当作意志的；詹姆斯也被称为意志派的心理学家，而不是知识派的心理学家。

但詹姆斯与从前意志派的不同之处，就是詹姆斯有生物进化论的思想背景，把知识与意志连贯起来。知识、意志连贯以后，向着一个未来的目的，必有能力先认清想象的目的，否则不能满意。惊奇、快乐、喜怒，也都从人对外面的失败、成功的感受而来。

以上是詹姆斯心理学的概论。他的具体观点，就是“意识之流”，从前人把意识看作零碎凑成的，至多不过像房子一样。詹姆斯不把它当作房子或碎块，而是比喻为永久不绝往来的流水。这个观念在他的哲学中最重要。他的哲学，处处重个性，重变换，重进化，重往前冒险，重自由活动，都是从这个把意识看作流水的观念来的。

詹姆斯说：从前人对意识作用的见解，是砖头一般的、整块的、死的。这个见解，好比人站在水边看水，只看见一杯一杯、一桶一桶、一缸一缸的水，而看不见永远往前流动不息的水。人心中所产生的特定印象，都在意识之流当中，每一个印象与别的印象关联不断，不是孤立的，都是意识之流的一部分。

7. 意识流

詹姆斯以为从前研究心理现象的人，错误在于把物体的性质应用到心理上来。外面的东西较为恒久不变，于是就认为心灵现象也是如此；岂知意识之流时时向前，没有一秒不变迁。物体的性质不能应用于心灵现象。再说，物体可以分成各个部分，譬如杯子，有杯口、杯柄、杯底，但是杯子的形象是整个的，不是部分的。

他平常最爱用的一个例子，就是柠檬水，一般以为是三个观念：柠檬；水；糖。其实我们喝柠檬水的时候，只有一个观念“柠檬水”，不会有三个，我们喝柠檬水的时候，绝不会想喝的是“柠檬 + 水 + 糖”。分解后的观念来自理论上的思考，实践进行之时，没有任何深度思考，只有“喝”这个单纯的行为。所以说，物质不变，观念变；物体可分，观念不能分。

8. 意识流思想的哲学影响

詹姆斯的“意识流”思想，不仅在心理学上，在哲学上也产生了明显的思想效果。哲学上的效果，至少也有两个：

第一种是“一”与“多”的问题，就是统一还是散乱、一元还是多元的问题。詹姆斯说：从前的大病，在于把多元的心理看成分裂，精神不统一，以为多元就是混乱不堪，只有系统完整、条理一致才好，人们唯有得到系统的心理现象，才会倍感安慰；其实换一个观点，把人的经验看作不断的意识之流，一元与多元都获得自己的位置。

流水也有统一复杂之处，粗浅地讲，如大河流入海中，水中夹有泥沙，不是纯粹的。意识当作流水看，可以看出许多应该统一或应该多元的地方。例如作一个计划，须通盘筹算，非统一不可；但在对付困难时，不得不一点一点解剖分析出来，方法意见，越多越好。这是把意识看作永远随时随地应付的工具。所以世界的一元、多元，不成问题，而问题在于什么地方用统一，什么地方用多元。

第二种是知识问题。从前的人，认为知识是抄本，是主体对外部世界反应的描摹，与外面的物体是否相像，相像到什么程度，在知识史上是个无解的问题。例如对杯子的观念，把握到什么时候、什么程度，才是真的杯子呢？詹姆斯说：以意识流来讲，不管你的观念与实际事物像不像，只要能把你带到另一种经验上去，造成经验的连续流转，这个观念就是真的。简言之，人的观念无所谓真假，只有效果好坏，效果好坏就是能不能持续造成经验的流转不息。

再举一个例。如华盛顿的农庄，许多人有明了的印象；许多人却很模糊；有人连模糊也没有，只有一个宽阔的种植园的印象；还有许多盲人，连这个印象也没有，只听到钟声；还有许多人连大门、钟声这些印象统统没有，只有华盛顿三个字。这些都是对的。

照詹姆斯说，这些印象都把人送到华盛顿这个经验上去，所以印象只求能发生我所期望的效果。这个观念，在实验主义的知识论、真理论中都很重要。就是把知识、真理看作一座过渡的桥，用来达到我所期望的目的。

9. 知识的来源

哲学上争论最烈的问题，就是知识从什么地方来的问题。许多人主张从经验来；还有许多人以为经验固然重要，但普遍的必然定理，却有经验之外的来源，不能来自经验。

经验知识，如糖是甜的，雪是白的，火能烧，大家都能承认是从经验来的。算术、代数、几何上的种种定理，物理、化学上的物质不灭说，形而上学上的有果必有因的因果论，人生哲学上道德的法则等，许多人不承认是从经验来的。

因为这些定理，有必定如此、绝不会不如此的必然性质在内。例如二加二等于四，三角形的三角之和等于两直角，无论怎么把经验去掉，这些真理还是存在的。

这些普遍的必然定理，是先天的知识，经验主义的观点很难把这些定理讲明白。直到斯宾塞才用演化论思想来说明必然定理也从经验来。虽然一生的经验未必使之成为必然，但自低等动物进化到人类，再自原始人类进化到现在人类，生物经验在这么长的一条路上进化下来，积聚下来，几乎成为天性的一部分。外边的环境几多变迁，但都遵守这些定理的约束。种族的经验，日积月累，总让人觉得是先天的，一般我们讲时间空间，都只有放到这些定理之内，才能解释，所以自然就是种族经验的结果了。

我提出斯宾塞的见解，因为詹姆斯在《心理学原理》中有一篇讨论到这个问题。他以斯宾塞的观点为起点，加上彻底经验主义的思路，探索经验到底是怎样变成定理、公理的。演化论思想本身固然重要，但把它应用到哲学上，所产生的效果就更重要了。

10. 普遍定理来自经验之外

詹姆斯与他以前的人讲法不同之处，就是他一边否认经验派的观点，把知识全都看作被动的，从外面印上去的；同时主张定理是内省的发生，反对理性派另有高等的、特别的、超经验东西的观点，更不承认这种超经验能产生普遍定理。

他主张，定理的起源是偶然的，最初不过是闲谈说笑，后来逐渐演变成定理。也许有一部分从外面刻印到心里，如鱼无水即死，这种印象层次的知识，在心的方面比较被动。至于代数、物理、化学的定理没有人经验过，如原子、分子等，人人都不承认从外面来，所以是从内在经验中偶然提炼出来的。

例如数目，经验派的人以为数目从经验中来。一个人，两个人，两个杯子，三个杯子，都因为人看得习惯了，形成数目的观念。詹姆斯说：数目是很随便的，例如一把茶壶，当然是一个，加上盖子，就有两个，再加上柄子，有三个；一株树，当然是一，用树枝来算，也许是五十，用它的叶来算，可能是五千。可见这不是被动的，而是内在经验把种种关系加到外面的事物上去得到的。

最明显的例如分类，绝不是外面印上心来的，是人心自己制造出来的。动物、植物、矿物等的分类，如果从外面来的，一定很粗浅，断不会像今日所分，把天南地北相隔数万里的东西合为一类，而把平常合在一起的东西分为两类。

所以，绝不是外面能刻印上来的，而是从人的经验中提炼出来的。詹姆斯以为滑稽家的笑话，道德家的教条，政治家的律令，有许多提出来也许不能适用，本身不是很有把握。道德伦理适用到自然界上，自然界也许适用，也许不适用。所以，理想可以随意提出来，没有把握；等适用到实际上去，才有真假区别。

11. 知识来自内外经验的整合

詹姆斯对这一段哲学上知识的起源是经验还是先天的说明有三个重要的观点：

第一，知识起源的内在经验。

詹姆斯反对经验派所讲的一切知识都从外面刻印到心灵上来的观点，知识或许确实都以经验为来源，但是这并不能得出心灵获得知识只能被动接受这些经验；此外，仅仅确认知识都来自经验，还不能确定这些知识的效果一定没有问题。

詹姆斯把外部经验比作从前门进来的客人，人的心中还有一道后门，即人自主地整合印象，形成知识的能力。所以观念系统的起源，有两条路：从官能感觉产生的是前门；从内在经验中偶然发生的是后门。例如我们闻铃声，是从前门来的经验；但吃金鸡纳霜吃多了，耳内也像有铃声响，那是从后门来的经验。

譬如一个人可以把药粉和在水中混合以后，变成一种新的东西。人的知识就是这种不同经验混合后产生的。观念系统的起源也是如此。一切伦理的、美学的、科学的系统，也可以比作药粉的效果。理性派不承认观念系统的起源于外面的经验，这是对的；但执着于一种超自然，超经验的存在物，那就错了。

詹姆斯认为，知识的两条来路都可以有很大的影响和效果。他以为观念系统的起源不成问题：从后门来的或偶然出现的妄想，也许比前门来的客人更重要，内在的经验也许比外部经验更重要。从此可以引我们到第二点。

第二，知识之中还有意志、情感。

许多思想偶然地发生以后，引起一种兴趣、愿望、热心——听了声音觉得很好听，也许成为音乐家；喜欢音节，也许成为诗人；喜欢研究观察，分门别类，也许成为科学家。

这种兴趣，可以使人找这些事去做，所以愿望、热心、意志的部分很重要。

第三，意志只是工具。

詹姆斯以为观念系统的起源，没有什么关系：后门进来的客人也许是好出身，前门进来的也许没有出息。伦理、神学、科学，本身都没有一定的价值，其价值在于应用到经验上，是否能产生实效，是否能够令人满意地解决它要解决的问题，是否能带你到深入的经验上去：能，就是真的；不能，就是假的。詹姆斯说：我的讲法与从前经验哲学不同的地方，就是他们注重起点，我们看效果，以发生的效果确定真假。

这个见解，与上次所讲詹姆斯的根本观念相同。詹姆斯不承认知识是摹本，而认为是一种工具，像不像都不要紧。一切概念、思想等观念的系统，只能说这个比那个是否更有用，更能达到目的；不能说这个是否比那个更相像，说相不相像，仍旧是传统哲学符合论的老思路。观念，其重要与否不在于是否和实物符合，而是能不能知道我们了解到更多的实物，增进更丰富的经验。譬如刀，我们只能看能割不能割，能不能利用，不能以像不像一把刀确定它的真假价值。

以上三点，在他的哲学上发生三种重要影响：第一点，理想的起源，影响他的“彻底经验主义”观点；第二点，知识里面还有愿望、意志，影响“信仰的意志”的观点；第三点，把意志当作工具，是他的“实用主义”的根本观念。

12. 詹姆斯哲学的三个组成部分

第一部分，“彻底的经验主义”。

詹姆斯所说的彻底的经验主义，就是把一切经验都看作真的，不像从前经验派所讲：把外物的经验生硬地刻印到被动的心灵上去。彻底的经验主义，在经验观上非常独特，它是活动的、冒险的、变迁的、进取的，其范围比从前的所谓经验要宽泛得多。经验的粗糙，是经验本性的一部分。没有一个观念可以使宇宙变为整个的。真理的起源、结果，善、恶、祸、福，过渡、危险，都是经验事实。他把经验看作粗糙的、散漫的、无定的、不断翻新的存在物。

第二部分，“信仰的意志”学说。

许多人对真理望而却步，只觉得真理高高在上，与自己没什么关系，也不可能有什么关系，因为从前都以为真理植根于冰冷的思想，而不植根于客观的事实。詹姆斯以为，信仰就是行为的意志。完全信仰，就是决断行为没有掉头回返的意志。无论数学、物理、化学等真理的背后，都有一种意志，这是一种试图诠释世界甚至改变世界的努力。理性的背后，有非理性的意志存在。宇宙的真理，是我们人类在情感上可以接受的对宇宙的解释。所以一切哲学科学，都有非理性的意志包含在内。

有许多哲学家都想批评詹姆斯，信仰的意志没有证据，如何能获得信仰的权力呢？詹姆斯说：这个不然。如果要等到获得充足的证据然后再信仰，那什么事都不能做了。凡事只有先信仰，后找证据，证实信仰的思路才对。

例如世界是好的还是坏的，不管承认还是否认，两方面的证据都不充足。只有先假定一条路，再把证据找出来。又如交新朋友，没有证据知道他是好的还是坏的。但是我们因为不知道他的好坏就永远不同他做朋友了吗？好的坏的，先交了朋友自然会知道。信仰的意志重要程度如何，于此可见。

詹姆斯自己举过一个最明显的例子：山中迷了路，只有一条深涧，跳得过与跳不过，这个时候没有证据，如果信仰了跳得过的，大着胆子就跳过去了，越是筹算越跳不过去。信仰可以打破迟疑的态度。詹姆斯以为这个学说在道德问题、宗教问题上格外有用，只能爱了才信仰，不能找到证据以后才信仰。只有信仰可以把你引到有证据的地方，站在门外不去信仰，就不能找出证据。

批评这个学说的人很多。有许多哲学家都不满意，竭力讥诮他，认为信仰的意志太过随意，太过主观。你信仰你是一个百万富翁，但是你袋子里却一个钱也没有，这该怎么说？这话完全误会詹姆斯的意思了。

詹姆斯是个文学家，喜欢做文章，对一个问题，总要讲得痛快淋漓，看的人却因此越加不明了。我此刻先不必为他多辩，提出他的第三点来。詹姆斯主张以实验的结果决定信仰的价值，以实验结果检验信仰的真假优劣。这是他的学说的保障。

第三部分，“实验主义”。

詹姆斯提出这个学说来，本是当作“真理论”的。从前有两派真理论：一派以为什么是真理呢？应该人的意象与外物相符合，不相符合的就是假的；还有一派以为与外物不相符合，相符合的就是假的。还有一派以为物与意象，完全是两样东西，不能比较符合不符合的，只要在思想系统的内部相容了，不自相矛盾了，就是真的。

詹姆斯把两说一起打破，以为意象、观念、学理的真否，在乎看它含义的效果，能否适用到应用的地方。本身的含义能够发生应用的效果的，是真的，否则是假的。这是实验主义真理论的大意。

13. 评价以及影响

有人说：凡是学说，都要经过三个时期，第一时期大家都说它荒谬；第二时期以为道理是有一点，但不重要；第三时期则大家都说我们本来就是这样想的。詹姆斯的学说，第三时期的确还没有到，不过科学的发明可以很快地帮助他。科学的发明，当初也是一种假定，实验而又实验，最终成为科学定理的一部分。可以说，真理就是在实用上已经证实了的假设。

詹姆斯的学说，简单说，就是以"实验主义"代替传下来的绝对真理的哲学系统。他主张随时长进、增加，随时实验、证实。他喜欢自由谈话，自由发表，不曾作过正式的哲学书，但是他的影响甚大，在英、美尤大。他的学说出世以后，哲学界的性质趋向受了极大的变更。

詹姆斯反对绝对的"独断论"哲学，但同时也反对绝对的"怀疑主义"。詹姆斯承认不怀疑不能发现真理，但绝对的怀疑，就毫无建设了。怀疑被视为一种假设，实验对了就是真的，不对就要再换一个假设。没有建设的怀疑，詹姆斯是反对的。詹姆斯希望我们怀疑，但不愿我们绝对的怀疑；怀疑应该提出实验所得的结果，再引导我们去找新的真理；以实用的信仰，继续实验，继续增长经验，增进知识。

詹姆斯的价值，在于打破从前的绝对武断，绝对怀疑；其中最重要的贡献，就是在哲学方面提倡个性。他最恨整块的宇宙，詹姆斯以为绝对哲学把普天下的事理拉在一个轨道上。他主张人类应该继续实验，继续创造。

二、柏格森

1. 生平简介

柏格森1859年出生，这一年正值达尔文的《物种起源》出版。他的哲学，就是发挥进化论的哲学意义。

2. 柏格森与詹姆斯的两点不同

柏格森与詹姆斯都以心理学为起点，把心理学的观念应用到哲学上。

但是他们有两点不同的：第一，詹姆斯注重实验，柏格森注重内省。第二，詹姆斯反对哲学系统，始终没有组织哲学系统的野心；柏格森却把各方面的问题融成一片，建构有系统的哲学。先有斯宾塞综合进化论的哲学系统，最近又有柏格森创造进化论的哲学系统。

3. 柏格森关注的三种问题

柏格森想把种种哲学上的问题当作起点，组成哲学系统，所以他所注意的问题集中在三个方面：

①本体界与现象界的关系。一方是真相，是本体；一方是感觉所见到的表面，是现象。柏拉图、康德，都以为平常感觉所见到的只限于现象界，本体界不可知。斯宾塞也是如此。这个问题，在柏格森的哲学中，同样存在。

②宇宙一成不变，还是变动不居的；是命定的，还是自

由的。

③心与物的关系。这是法国哲学史上的重要问题，最初提出它来的人是笛卡儿。物与心恰相反：物有体积，心能思想。笛卡儿以后，这个问题成为最重要的哲学问题，柏格森也特别注意。

4. 从经验入手

柏格森入手的地方，在经验。我们真正知道的只是心中的经验。

柏格森与詹姆斯相同之处，就是对心的状态的解释。詹姆斯把意识看作流水一般，柏格森也把心的经验看作流水，从无间歇，也不重复，没有可以分割出来的部分。不存在两个完全相同的思想感觉。人生的经验，是永远变更、永远革新、永远前进的。

平常以为经验可以分作一片一片。例如杯、壶、书，都可以分开；烛上的火与炉中的火，也分得很清楚。詹姆斯、柏格森都说：这是因为人把对物的"观点"轻率地放到人心里，以为也分得开。

柏格森以为，心的经验，好像一条持续的河流。之所以我们觉得它是断裂的，因为用语言文字把它割断。语言文字是代表这片那片、这一段那一段的符号。用语言来表达心灵经验，连续的经验自然就被割裂，变成一个个片断。

5. 绵延

从这个经验上，柏格森发挥他的根本观念，即“真的时间”的见解。“绵延”这个字不容易译，与中国古代哲学“久”字相近，译作“真的时间”，考虑到“绵延”一词的法文意思，法文的“绵延＝时间”，所以“真的时间”就是“绵延”。

“真的时间”与“时间”不同，流俗意义上的“时间”仅仅是可计算、可测量的物理时间；物理时间，实际上只是真正时间的分解，把绵延固定下来，用明确的刻度或标记来表示，就是物理时间了。

“真的时间”，用柏格森的理解是个什么样子？“真的时间”就是永远前进，把种种过去保存在变迁当中的生命活动。“真的时间”有两个意义：

第一，种种过去都包括在现在中；

第二，绵延越滚越大，日渐增长，逐渐更新。

6. 对人心经验的三个判断

柏格森从这个“真的时间”的观点上，对人心内面的经验做出如下论断：

第一步，存在就是变迁，没有不变迁的存在；

第二步，变迁就是长进成熟；

第三步，长进成熟，就是永远不断地创造自己。

第一步，容易讲。第二步，用滚“雪球”的比喻，也明白。第三步就是永远继续不断地增加新的东西。譬如最熟悉我的朋友，对我的过去都知道，但他绝不知道我明天会做什么，甚至五分钟以后做什么，也很难知道。

一切事物，都是连续创造出来的，不是前定的。过去的事不能当作推算未知的根据。画家画画之前，没人知道他会画什么，他自己也未必知道，每一点经验都是新的，都是自己创造的，不存在预先规定的东西。

7. 心物关系问题

先讲关于第三组“心”与“物”的问题。用这个见解看来，心与物完全相反。物质界是静的、不变的、固定的，可分为部分甚至原子、分子。物质界是小部分组织起来的，从这里到那里，虽然可以重新安排组织，物质总是不变。

照柏格森的意思，物质界是空间的关系，心理上的经验，要用“绵延”来解说。物质只有空间的，有“时间”，也只是空间的变相。“真的时间”本身就是变迁，物质界的时间是假时间。譬如说三个月后有日食，这三个月好像是真的时间了，其实能这样隔断的，还是假时间，是空间的变相。

我们可以用比喻说明假时间与“真时间”的区别：时钟上长短针表示的几点几分，是用长短针的相对位置来呈现，所以是空间的变相，不是“真的时间”；人饿极了急需食物充饥，人掉到水里，等人来救，公堂上将判而未判，这些流逝、等待、煎熬，才是“真的时间”。用这种时间与钟上长短针表示的时间相比，就知道“真时间”与假时间的区别了。

8. 感觉来自物的影响

这一段话总结起来，就是物质界是空间的，心理的生活经验才是“真时间”。柏格森还有一种讲法，就是用“感觉”与“记忆”来讲。他说感觉全是物质的影响，譬如这个杯子把烛光的火反射出来，可以说他是感觉到烛火的热；镜子能反射一切东西，也可以说有感觉。外物的影响，是纯粹的感觉。

9.“记忆”为人所独有

杯子、镜子可以有感觉，“感觉”是物的影响，但“记忆”绝不是物所能有的。记忆可以把种种过去都召回来，立刻跳到将来，随着时间增长、随时吸取。这是唯独人才拥有的现象，这绝不是物所能拥有的，只是太习惯，熟视无睹。如果人真能明白记忆的作用，纯粹唯物论的见解，就不攻而自破了。

物质可以彼此感觉，杯子放在烛光的前面，杯子有感觉，茶壶放在镜子的前面，镜子也有感觉：但这些都是死的。人在生活上的感觉不是这样，人的感觉会因需要而有所“选择”。手放在眼前，便把大门遮住了。

柏格森说：这因为位置近的比远的更重要，所以把不重要的挡住了；走到门口，大门就显现出来。大门的重要性也就上升了。譬如说地球是圆的，乍一听，一定很奇怪，如此一来，这边是头在上、足在下，那边不就是头在下、足在上了吗？柏格森说：这个例子很可以说明我们用感觉中的区别，应用到物质界去，是不可能的事。

10. 人的看法“再造”了“我们”的世界

柏格森说，因为动作行为上的需要，人硬把宇宙分割成片断，其实真的宇宙并不是片断的。就是物质界，虽有上下、前后、左右的区别，像是片断的，其实本来也不是片断的，因为事实的需要，就把区别硬加上去。

这种分析，重要在柏格森的断案。他提出假说，认为这样看来，不动的、不变的、死的物质界，也许可以鲜活变动起来，与心灵世界一样。这是一个极大的假设。他说：因事实的需要，硬用人的智慧（这是他所最看不起的），把不断的世界割成固定的、死的、有区别的世界，本来物质界与心界是没有分别的。柏格森见解的两点：

第一，科学上把“质”与“力”的区别根本打消。譬如桌子，不是物质，而是无数的力在活动。这就是科学把质与力的区别打破了，再用力来解释质。

第二，人的记忆确把经验割成片断，又怎么能不知道物质界也是割成片断的呢？

现在再把它应用到第一组本体界与现象界的问题上去。

从前的人以为本体界比现象界为高，超出现象界之上。柏格森以为本体界并不高，并不难懂。本体界就是继续创造活动永远更新的“真的时间”。人只要内省，不要因为需要知识就把绵延遮断，自然能达到“绵延”这种真正的时间。

11. 智力与直觉

柏格森从这个本体、现象两界的区别上，引出知识论的两个重要观念 :“智力”与“直觉”。这两个观念都以知识与人的需要和兴趣密切相关为前提，就是以人的需要和兴趣确定知识的价值。但与实验主义不同，柏格森看不起知识，不相信知识，以为知识把“真的时间”遮住了。

柏格森看不起知识，主张直觉，只要内省的程度到了，自然会有直觉，自然就知道本体是连续不断的创造。柏格森受到古代神秘主义的影响，为了杜绝知识对生命的曲解，宁愿调用神秘色彩极浓的直觉主义观念。

无论如何，柏格森这种学说，一方面固然带有很科学的意味，另一方面要顾及人类满足宗教形而上学的欲望，又带有神秘的意味。他这种态度，也许是他享有大名、信徒很多的原因。他以实验主义的论调作为根据，又能满足各方面的欲望，自然有这么多的信徒、这么大的名声了。

再把这个观念应用到终极问题上，就是宇宙是前定的还是自由的问题。柏格森以为“真的时间”之内的宇宙，不断创造进化，时时活动，时时变新，绝不会前定。人知道过去，绝不能知道未来。占据空间的物质世界是固定的、隔断的、前定的。

柏格森讲“真的时间”是创造发明永远不断的，可比诗人作诗，诗中从一个字一个字地分开来看，是机械的；但其神味诗兴，是创造的、独一无二的。创造进化更新生命内涵，锻造自由。不能做到这个地步，只有堕落到机械习惯中。

12. 达尔文观点的疑难之处

他指出达尔文生物演化学说的三个主要观点存在疑难：

①生物的种种机能是由极微细的变迁一点一点积累而来；

②这种微细的变迁，应对四周环境，不知不觉演变出来；

③是自然天择：变迁以后，适合环境的，子孙繁昌；不能适应环境的，就淘汰了。

达尔文的这种讲法，有一个很大的困难。有许多机能是很复杂的，照达尔文讲，一定以为这是一步一步很微细地累积起来的，越复杂越有用；但是这些机能在没有发达到这样复杂的时候，有什么用呢？达尔文说眼睛是为应对环境演变出来的，但是要演进到相当复杂的程度才能应用，只有一小部分机能而还没有完全成为眼睛，看的机能如何运用，没有运用又怎么能继续演变？

目的论者则以为，这些变化，一定出自一个人格神之手，有了计划，有了目的，然后一点一点地演变出来。例如一所房子，必须先有目的，从基础、地板、墙壁、屋顶和装饰，一层层堆积起来，最后有复杂完整的房子。生物进化也是如此。眼睛的变迁，是计划好了才这样变迁的，是先有目的。柏格森认为，这两种观点，在达尔文的思想中都存在，虽然解释得精细严谨，但始终是在生物演变的投影上做功夫，从未深入生物演变本身。

13. 批评机械论和目的论

柏格森在《创造的进化》一书中，开端就批评机械论和目的论。它们的共同错误在于，都只承认现成的，而不承认新生的力量。

达尔文以为，进化是小分子机械的因缘和合，和合好的生存下来，不好的就消亡了。这种小分子和机械和合的规则都是现成的。目的论假设一种计划，以为像造房子一样计划好的，现有的和将来出现的，早就包含在过去之中，没有任何新生的东西出现，也不承认创造和发明。

柏格森以为这两派所以不能有满意的解决，都是因为想用知识的缘故。不知知识只能应付物质，不能懂得生命的。生物进化的生命，就是“真的时间”。知识只能对付分段的零碎的东西，绝不能懂得永远变迁永远创造的生命。譬如潮水打过一块海上的小石，小石是死的，怎样懂得潮水是个什么东西。知识要懂得生命，也和这个道理一样的。

第一种问题，能够领会生命的是意志，不是知识。

柏格森以为，知识不能领会生命，生命是意志的作用。要懂得生命，必须从意志的动作入手。知识的作用，只能把有机体分析解剖；血脉、皮肤、筋肉，甚至分子、原子，分得很细，但生命是整个的，越分越不能明白生命如何运作。要领会，只有从意志勇猛前进，奋发努力，意志生活最充足的时候，才有可能懂得生命是什么。

柏格森确定，生命是意志的作用，意志是没有计划的，没有意识的。意志只是生命的冲动，努力往前推，遇见险阻，就打破险阻，继续前进。这是意志的经验，是生命的真相。要想了解生命的真相，只有看作冲动，没有别的观点可以解说进化的道理。

柏格森以为生物进化之机能的变迁，只有这个观点可以解说，他名之曰“生命的奋进”，就是永远往前推的意思。一切官能变迁到这般复杂，不像机械论、目的论的两种讲法，而是生命内在的生活意志。生命奋进，遇环境有困难的时候，便立刻征服，再往前奋进，没有什么计划和考虑。眼睛是为要看而奋进的结果，久而久之，成为应对环境的最满意的机能。

眼睛是生命往前奋进时留下的影子。生命往前奋进，遇着障碍就征服，眼睛就是努力要看的一点意志的结果。譬如桌上铺着许多铁屑，手摸过去，一定留下一个手的痕迹；机械论者以为这是偶然成功。目的论者以为这是先有预算然后画出来。两说都没有看见生命往前奋进的冲动，遇着障碍，留下这一点意志的痕迹。

第二种问题，种种生物怎样产生的。

柏格森以为进化学者的大错，在于把植物、动物、人三者看作一条直线，不知这个三步并不从一条直线来的。生命奋进的时候，总希望最满足最完备最充分的前进的。但是随时遇见障碍，随时征服，遇见一下，征服一下，试验一下，停顿一下，各种动植物就是随时停顿的结果。

生命从一个出发点往前奋进，不是一条直线的，而是随时遇见障碍，随时征服，随时试验，随时停顿。譬如生命演进，到了昆虫，遇见障碍，停顿了；另外一个物种产生，到了蛇，遇见障碍，又停顿了。再有一个物种产生……如此持续和间歇并存的生命接力运动，一步一步，直到诞生人类。

柏格森以前的哲学家利用进化观念最烈的是斯宾塞，他以生物环境差异来解释生物的种群差异：鱼必在水中，鸟必在空中，都以环境的适宜与否为条件。柏格森以为这是错了。譬如从城中有一条到乡村的路，中间总有许多桥、山、湾等，这都是环境需要不能不如此。但这是环境的结果，必须先有造路的意志，然后有路、桥、山、湾，同样，我们不能以环境去确定种类。生物为什么要适应环境？因为它们有要生活的意志。

第三种问题，人的智慧与动物的本能结合，才有继续发展的希望。人与动物的一切区别，在于动物发展天性的本能，人发展智慧。昆虫中的蚁和蜂还有智慧，因天性的冲动，可以把本能充分发展。柏格森举出动物发展天性本能与人发展智慧，有三种不同之处。

第一，人的智慧是应对物质世界的，而动物是为了应对生存。柏格森所讲，人的天性不及动物的发展，所以用智慧弥补不足。

第二，人与动物的不同之处，就是人能制造器具。动物的器具，尖牙利爪，都是随身带的，不能制造身外的器具。人就不然了，眼睛不够看，所以造显微镜、望远镜。动物要温暖，只靠着它的皮，人则能用金石取出火来，制造炉子。这都是人类以智慧弥补天性不足的例子。

第三，人与动物，各有长处，也各有短处。

动物能发展它的天性，而吃亏在没有智慧，不能靠器具；人有智慧造器具，如显微镜、望远镜等，而因天性不能如动物的发展，不懂得生命的真义。

柏格森以为哲学的问题，就是怎样把动物的天性与人的智慧融合起来的问题。动物不知道寻找东西的方法而找得到，人知道方法却找不到；这层短处，只要把智慧与直觉联合起来，就能补救。

14. 评价

柏格森在现代哲学家中，对许多问题的解说，见解独到；他有艺术天才，其哲学见解也有许多超绝之处。最重要的一些观念，足以帮助我们远离概念化的经院说教，如：

①生活不能用知识来了解，要想了解，只有投入生活。

②行动不能用知识来了解，要了解只有去行动。

这虽然不是他独创的，但以前没有讲得这样圆满，在具体的、鲜活的生活经验中来检验知识，虽然他没有提及知识必须用效果来证明自身为真，但其哲学倾向与实用主义大同小异。

③继续创造、继续进化的观念，也讲得很痛快，这与强调知识的未完成性十分接近。

④真理不能由冰冷的知识得来，而是来自人心的内在直觉。

但他把许多机智的见解组织成哲学系统的时候，用了许多的譬喻修辞。他很会做文章，只想尽力发挥，却不能自圆其说。他有组成哲学系统的野心，想把哲学用一个观念贯串起来，免不了困难。这些地方，詹姆斯比他聪明得多。詹姆斯有见解，尽管各方面尽量发挥，一点没有组织哲学系统的野心。柏格森免不了这个短处，也许这就是他失败的原因。

三、罗素

今晚讲的是第三个哲学家罗素，英国人，现在还是青年。他前几年在剑桥大学当数学教授，因为主张和平，反对战争，欧战起后，很受英国政府的严重干涉，辞去教授的职务，直到战争结束为止。今天先讲他的理论方面的哲学，他的人生哲学和政治哲学放在下次再讲。

很难找一个哲学家再比罗素与詹姆斯、柏格森互相之间的差别更大的了。詹姆斯与柏格森很有许多相同的地方，而罗素在理论哲学上与他们竟没有一点相同。詹姆斯与柏格森的哲学，都以心理学为起点，而从伦理学方面有意识的生活入手。罗素则从科学方面最抽象最近形式的数学入手，对心理学采取不信任态度，以为与哲学无关；不仅无关，而且有害，因为会扰乱整齐的哲学。

1. 知识必须具备普遍性

罗素以为知识应该普遍，不关个人，把人类心理的一部分介绍到哲学上来，一定损害知识的普遍性。从前哲学不能完全以数学为根据，因为数学还没有达到高级学科的地位，不配做哲学的根据。现在，按照罗素的看法，数学已发达到可做哲学的基础方法的地步了。

2. 知识多元论

罗素哲学中有一点不甚重要，可以说与詹姆斯相同。从前讲过，詹姆斯是多元论的哲学家。多元论者不相信宇宙万物最后归于一元，一元论者恰恰相反。詹姆斯注重个体，主张以各方面的无数个体为中心，是多元论；罗素这层主张，与詹姆斯相近，也是多元论的哲学家。

3. 逻辑原子论

所以他在著作中说：我要主张的哲学是“逻辑的原子论”，或曰“绝对的多元论”。我主张多元，又主张多元不能成为一个宇宙。一个宇宙的观念，是天文学没有发达以前的见解。地在当中，日月星辰在外面环绕。但是从哥白尼打破这个见解以后，天文学更新了这个观念，同时这个统一宇宙的观念也就不存在了。

我要先声明：罗素的哲学，完全根据数理，内容太专门，不容易在这两次的时间有一个通俗的讲演。今晚只说罗素对哲学的意见和批评，以表明他的哲学的大概。

罗素说，从前的哲学有两个根本错误：

①想找统一的宇宙，相信“实在”总是一个；

②受宗教和伦理的影响，把宇宙用宗教和伦理的见解来说明，以为宇宙总是好的、善的，都是“实在”的一部分。

有许多信仰宗教的哲学家，把宗教的观念硬加到实在的宇宙上去，以为宇宙是好的，是值得生活的；反对宗教的哲学家，也不知不觉受伦理道德的影响，如进化论学者把宇宙的演进硬拿道德观念来解说，以为进化就是从不好至好，从好至更好。罗素批评斯宾塞和柏格森等硬拉道德观念来讲进化，以人心中希望更好的一部分愿望，拿来解释实在，的确是错误的。

近代天文学进步，不但打破从前统一宇宙的观念，就是以伦理解说宇宙的观念，也打破了。从前的人以为宇宙的中心是地，而地上又以人为最重要；人生以宗教和伦理为中心，宗教和伦理在宇宙的进行中占据重要位置。这是以人生为标准，适用到宇宙上去。但是天文学进步以后，知道地球不过是太阳系中的一个小点，人在世界中占一个极不重要的位置；那么人生的宗教伦理，怎能在宇宙中再占据重要的位置呢？

罗素于欧战发生以后，对世界文化很失望，在他的文章中有一段讲到人生在宇宙中不重要：

> 银河在天体中不过一小片；在这一小片当中，太阳系是极微细的黑点，在这极微细的黑点中，地球真是要用显微镜才能看到；在这小点上，有许多气和水构成的污浊东西，在那里跑来跑去忙个不停，想在这很短的时间中延长他们自己的生命，努力杀害别人的生命；在太阳生命中，人的生命固然很短，但还有一个希望，就是互相残杀，也许灭亡得更快，从地球以外看我们地上人类的生活，就是这样。

照罗素讲，人必须把世俗方面的成见、私见去掉，才可讲哲学。哲学纯粹无所为，属于静想的关于宇宙真际的知识。科学中只有数学最不近俗，最近于静想而无为，能做哲学的基础。

4. 只有数学和逻辑学才是哲学的基础

照他讲，哲学绝不能从科学的结果入手，应从科学的方法入手。科学中只有数学最纯粹正确，数学的方法就是哲学的方法。心理、物理等科学面对的对象，就是世间万物万象：心理学的对象，是心理的存在，各种心理现象；物理学的对象是外部世界的事物以及运动。数学的对象与这些存在完全无关。数学所讲，只是最抽象最普遍的形式，把存在完全踢开。所以，数学的方法，就是哲学的方法。

心理、物理等科学，讲的都是存在的个体，与普遍的抽象的共相无关。数学则只有最普遍最抽象的形式，应用到各方面去，不受这一个体、那一个体的限制。只有用最普遍的最抽象的共相，才可以讲知识的真相。

这些共相，都关于真的存在，但自己却没有存在。哲学是应用于普遍方面的，哲学的定理不能以经验的证据来证实，也不能以经验的证据来反证，经验是客观方面的，哲学定理则带有一定的永久性。世界无论如何变迁，哲学定理永远存在，故只有数学的定理和逻辑学的定理配做哲学的基础。

5. 理论上的贵族态度和实用上的民主态度

罗素这个主张，的确极端。他甚至把人生哲学最相反的“爱”与“恨”看作可以相比的东西。他的意思，即在经验上无论有多么重要区别的东西，一到逻辑上、哲学上，就可以相比相类，而不会相反。

罗素哲学很怪：他的社会伦理思想很激烈，很近于民主；而理论方面，却很有贵族的意味——他崇拜理性，轻视感觉；注重共相，藐视个体，以为理性比经验高得多，近于理性派的主张。哲学家中再找不出第二个人，理论方面有这样贵族的态度，而实用方面趋向民主。

这个态度，我们叫他贵族的态度，是什么缘故呢?

有些人不耐烦人事方面琐碎的事实，想跳出这凡庸的生活，达到更纯粹清洁的境界。这种态度，由于艺术的天性，叫作贵族的态度。罗素在他的理论方面，这种态度很明显。

他在一篇赞美纯粹数学好处的文章里，讲到人的实际生活与理想生活的不同之处：

> 人的现实生活不过是调和理想与可能；但是纯粹理性的世界没有调和，没有限制，对人的创造活动和高尚希望没有障碍。离人的欲望很远，离自然的种种可怜的事实很远，在理想世界中造成有条理的宇宙，纯洁的思想可以在此安住，而且至少人类一部分的自由可以离开实在生活之悲惨的罪难。

在罗素稍为通俗一点的著作中，我们常常看见悲观理想。他说：

> 人的生活如一次远途夜行，四周都是看不见的仇敌；长途中辛苦又疲倦；向一个目的走，希望渺茫；就是达到了，也不能住得长久。

这种悲观论调，在哲学上并不稀罕，凡是注重共相世界的，自然要超出个体的经验。

我从前引过詹姆斯的一句话：个体事实最宝贵，何以许多哲学家都趋于注重共相？罗素的脾气恰恰相反。他说：共相是安身之所，是我们最高贵的目的。同时他也承认神秘派说的时间是真实的。他说："神秘派觉着时间不重要，这是实在不重要的和表面的特性，而当这不重要为真实，就是入智之门。"

罗素哲学的自身，此刻不能详讲，以上不过是他对旁的哲学的态度和批评的大致。有人说，世界上真能够懂得数学的哲学的人，至多不过二十人。我既不是二十人之一，我也不能懂得。但有一点可以提出来讲的。这些物质科学，联合个别的个体和普遍的共相两部分，共相的部分是科学的定理、法则、律令，全是抽象的普遍的；科学的对象是具体的、个别的、个体的事实。物质科学怎样把这两部分联合起来，是一个重要问题。

这个问题，是近代的唯心论所以发生的原因，也是有别于古代唯心论的地方。近代爱尔兰人贝克莱讲唯心论，以为一切外面世界的真知识，都不过根于知觉，知觉所包含的，不过是感觉。譬如烛，看去是白的光，黑的烛芯儿；摸去是柔软的、油腻的；合起这许多感觉来，成就人对烛的知识。此外也许还有真的本体，但是不可知，知道了也没有关系。种种感觉之和就是知识，本体不本体则是没有问题的。

物质科学的进步，能解释这种讲法。原子、分子的运动，都是物质的真实，而我们懂得的一切性质，不过是动作的效果。但是唯心论者否认物质的存在，以为原子、分子也不过是我们心理假设的效果，也是主观的。

我讲这一段话，并不是要提到唯心、唯物的问题，不过想讲明白辩论之点在什么地方。罗素也解说，数学家提出原子、分子来，与个体事物的存在，有什么关系——怎样可以使用算式表示原子、分子与感觉中直接见到的材料有关系。

6. 从“单子”到“逻辑原子”

罗素承认知识的起点是感觉的材料，但他并不是唯心论者。他解决问题的基本观念，很像哲学家莱布尼茨的“单子”的观念。人的感觉，代表不同的观点，有个体真实存在。每个“单子”都有他的观点，每个人都有他的宇宙。

罗素以为感觉的材料都是个体的观点，个人观点不同，知觉也不同。但是罗素的知觉有实际的存在，例如桌子，我从上面看下来是一个样子，而诸君从下面看上来又各有一个样子，没有两个人的知觉相同。罗素的主张，以为桌子并不只有一张，这样知觉有这样的桌子，那样知觉又有那样的桌子，各人有各人的桌子。

莱布尼茨的“单子”，讲的就是每个人各有各的观点，即各有各的世界。数学科学给他们沟通一下，也许你的桌子与他的桌子是一样的东西，组成有系统的宇宙。其实各人都有各人的宇宙，其所以能沟通者，都是逻辑、科学和数学的功效。

7.“断”“续”的真假——罗素与柏格森的一个比较

柏格森有一段讲到人的智慧不配懂得真的存在、变迁，不能胜任对真正时间的把握，智慧只懂得把真的存在割成片段。用电影做譬喻：电影里面，人呀，马呀，车呀，种种动作，好像是真的，其实懂得它的做法，便知道不过是一张一张的片子连起来的。知识把真相割成片断，也是如此。

罗素向来不看电影的，见了柏格森的这段文章，特地到电影院去验证，说柏格森的话真不错，科学家真是把真相割断了。

但是罗素虽然承认柏格森描摹这个问题的正确，而他自己所得的所谓割断，与柏格森恰恰相反。柏格森以为真的变迁是不断的，割成片断的是假的；罗素以为动的是假的，片断的是真的。个体存在是真的，每个个体都各有宇宙，他自称“绝对的多元论”。实际是分开的、不相贯串的，全赖抽象的定理联合，组成一个不断的宇宙。宇宙的组成是科学的功能，不是本来如此的。

这是极端的个性主义，下次再讲他的人生哲学和政治哲学。

8. 区隔知识与本能

照上次所讲，罗素的哲学，理论方面与实用方面截然不同。这个不同的原因，由于他对理性和经验区别得太严：一方是理性，一方是经验；一方是知识，一方是行动；一方是共相，一方是个体的事实。这个区别，在他的理论方面和实用的社会方面哲学的影响各不相同。

这个很严的区别，使他的哲学理论方面和实用的社会方面的注重点完全相反。理论方面，人的知识，只能服从事实；人心对事实，只取静想的旁观态度；犹如镜子，把实在照下来，一如其真。实用的社会方面，人生行为的方面，就不然了：个体事实不算重要，创作、长进、变化和更新才重要。

9. 理论哲学与政治哲学完全不同的风格

在理论方面，罗素很看不起“冲动”，而在人生行动方面，“冲动”却占很重要的位置。罗素在实用哲学方面的注重“冲动”，很像柏格森哲学的“生命冲力”。他不愿把“冲动”介绍到知识方面来，避免扰乱知识的宁静；而在实用方面，却看得很重要，以为人生行为都是本能的冲动。

此刻不能详细讨论这理论与实用相反的哲学在逻辑上是否

矛盾，也不能详细讨论他的理论方面怎么影响实用方面，只能略讲他的社会哲学的几点。他的社会实用的哲学与理论的哲学，不但内容，即使文章也不相同。理论哲学的文章，根据数学，很难懂得；而实用方面，则很通俗，看的人也很多的。

10. 社会哲学

他的社会哲学最重要的有三种著作：①《社会改造之原理》；②《政治的理想》；③《自由的路》。

他的这三种著作，都是在欧战开始以后，可说是直接或间接受了欧战的影响而作的。罗素看见欧战发生，受了很大的感动，以为这次大战可算表示种种恶势力——破坏的势力，减少生命的意义，阻碍生命的发展和创造。要使这恶势力受点制裁，故他希望创造的长进的一部分格外发展。这是他的社会哲学。

我还可以加一句：二十四年前，1896 年时，他出版一本书《德国的社会民主》，此书出版在马克思以后，社会民主主义发展之时。全书性质虽然差不多纯属记载的和历史的，但已经能看出当时罗素有研究社会问题的兴趣了。

现在讲到他的实用哲学的本身，可以拿他的理论哲学来比较。罗素的理论哲学，根据最普遍的数学，看不起个人心理，以为不重要；但实用哲学，很看重心理，以为一切制度都起于心理的基础，与本能的冲突趋向有重要关系；不但根据心理，还用心理做标准，去批评一切制度，看它是引起高等的冲动，还是压迫高等的冲动，引起下等的冲动。

11. 心性的三个重要部分

罗素承认人的心理有三个重要部分：①天性；②心或思想；③精神。

天性的生活，包括一切自然的冲动，如自卫、生殖、饥、渴、情欲，因生殖而推至家庭、国家。总之，所谓天性的生活，就是只限于自己或家庭或国家的成功、失败的生活，是低等动物遗留下来的生活。

心或知识的生活，与天性的生活不同：天性的生活关乎人的部分，而知识的生活，则关乎非人的部分，丢开个人的利害，专求普遍的知识。

精神的生活也与知识的生活相同，是超过个人的，不过超过个人的知识与超个人的感情的不同而已。以这个感情为中心，代表的就是艺术和宗教。艺术以天性为起点，渐渐上去达于感情的地位；宗教以感情为起点，渐渐下来普及于天性的生活。

12. 人的理想发展

理想的发展，最好的是三部分调和，不论最高的、最低的，都向各方面平衡发展。天性这部分供给精力，知识供给一条路，而精神最高的则指示目的。有精力、有路、有目的，自是最好的了；但平常总难以做到，发展这部分的每每把其他两部分摧残了，很少有平均发展的。

如天性的生活太发展了，其他两方面不能同时并进，结果就是野蛮民族的生活。情欲发展，知识不足，自然不开化，没有做到文明的程度。知识生活来补救的时候，极端批评他太偏于天性，结果却养成了怀疑的态度，对世间不能信仰，只有冰冷的批评，没有热诚恳挚的天性，于是毅力遂减少。

罗素以为人类太偏向知识发展的生活，有几派哲学起来补救，想调和知识与天性的生活。我们前两次所讲詹姆斯的实验主义和柏格森的生命主义，照罗素的意思，都是想调和知识生活与天性生活的，但都错了。罗素以为他们的错处，在于把知识附属于天性。他以为应该做到普遍的感情，不受个人、家族和国家的限制，而以人类幸福为前提，向人类共同幸福的目的走。

罗素以为个人为什么不能充分发展到最高的地位呢，大的原因自在社会制度的障碍。但是社会对个人的发展，虽然极力压制他，还没什么要紧，无论如何，不能取消他内面的自由。最大最可怕的原因，在于社会引诱他、贿赂他、收买他。例如艺术家，本有创造艺术的天才，但社会用金钱或名誉使他投降，他不敢创作，不敢不投社会所好，不能做到他应该做到的地位。文学家也是如此，政客尤其如此。罗素最恨政客，政客没有一个不投降社会的，投降以后，安然去做社会所好的事去了。这个引诱、收买和贿赂，可以使人的内面自由死去，永远没有发展的希望，比反对和压制等障碍可怕得多。

为什么这些引诱、收买和贿赂可以阻碍个人自由的发展呢？因为社会组织摧残个人创造的冲动，鼓励占据的冲动。人类的活动可以分为两种：一种是创造的；一种是占有的。天性的冲动也有两种。衣、食、货物等，一个人有了以后别人不能有的，这些冲动是占据的冲动。还有，科学家发明新理论、新东西，不想个人私有，却是分给大众的，这些冲动是创造的冲动。社会的组织没有不鼓励人去做占据的冲动，而摧残创造的冲动的。

罗素分冲动为创造的和占据的两种，这个根本观念，在他的社会哲学中最重要，可以说每篇都是这个观念的应用。他把这个观念应用到社会一切制度上去，看它哪一种制度发展哪一种冲动。他批评国家和私有财产两个观念，都有问题，因为它们都鼓励占有。

13. 国家和私有财产两种制度最重要

罗素认定这两种制度，都提倡占有。罗素把社会主义和无政府主义的基本精神搜集起来，再用他的根本观念连贯起来，做他辩论的基础。如财产，本以占为己有为中心。如国家，在内面，保护私有财产，帮助富人，压制贫人；在外面，利用国家的势力，欺凌弱小的民族，发展帝国主义。

刚才说过，罗素受欧洲大战的刺激，以为战争是一种恶势力——破坏的势力——的表示，可以证明国家和私有财产两种制度的破产。私有财产，引起工商业的竞争，海上陆上殖民地的开拓，帝国主义的发展；国家制度保护私有财产，摧残个人自由，不要他有理性，而只受国家势力的压制和指挥。这两种制度的坏处，在欧战中完全表现出来。

除了这两种以外，教育、家庭和宗教的三种制度，应该可以鼓励创造的冲动了，而事实不然，不但不让创造的冲动自由发展，还为占据的冲动所侵入，受其影响，以至于堕落。教育本应提倡发明和冒险，是创造的，而结果则是提倡占据；财产制度侵入，使教育不能自由发展，反过来维持现状。教育的目的，只是要人服从，守规矩，屈就特定的习俗范围，不许他创造的一部分自由发展！

14. 现在教育的目的，不在提倡思想而在提倡信仰

教育制度受制于财产制度的支配，教育者的心理，害怕独立思想来破坏捣乱。创造的教育，应该鼓励冒险的兴趣。罗素说：

> 人类怕思想，比怕世界上任何事件都厉害，比怕死、怕灭亡还要厉害。

思想是倔强的、革新的、破坏的、可怕的；思想对特殊权力，现成制度，未经思索的习惯，是无情的；思想是无政府、

无法律、不怕权力的；思想是伟大的、敏捷的、自由的，是世界的光明，是人类的最大荣耀。创造的教育，不应该只是保护过去，而在创造一个更好的将来。

15. 批评社会主义

罗素用这个创造的和占据的两种根本观念，批评现有制度，批评社会改造计划。他对种种计划，都有批评，没有他完全赞成的东西。他对社会主义的批评是：

第一，这分明是一种经济的哲学。

大凡批评工业制度，有四个重要标准：

①是否有最多的出产品；

②出产以后，分配是否较为公平；

③出产者是否得到公平待遇；

④最重要的是，是否物质进步，精神也在发展、进步，而且有生气。

用这个标准，可以批评工业的制度：只有第一步的，唯希望出产的加多，固然简直是发疯；但社会主义也不算彻底，说不上资产平均，只可说是做到第二、第三两步，第四步还是没有做到。

第二，社会主义一旦实行，国家权力必然增加。罗素所反对的国家，是压迫个人不能自由发展的制度。

罗素的破坏方面，已大略讲完；他的建设方面，没有什么独立的意见，只是折中各派社会主义的主张，略加选择。例如土地、矿产和交通收归公有，他赞成；互助计划、公共买卖消费，他赞成；他又赞成工团主义、商团主义，主张行业自治，管理制造出产等计划；国家不过是中间人，从中帮助；国家之上，还有世界联邦，不许国家乱用权力压制国内人民。

总　结

詹姆斯、柏格森和罗素是三个现代的哲学家，不但他们的文章著作与我们同时代，就是他们的意见，也是代表我们时代的精神。表面上罗素虽与上面二人不同，实质的精神还是非常相似的。

如果先从罗素的社会国家方面入手，看他的理论学说，与詹姆斯、柏格森没有什么太大区别，罗素也与二人相同，主张创造、长进、变动和更新。罗素虽然批评詹姆斯想把天性附属于实际生活的做法，他自己也用知识涵盖一般的感情。

不过，詹姆斯比罗素更妥当：罗素以人类全体为前提，詹姆斯则注重个人。詹姆斯没有抽象的人类观念，而是个人对个人的生活。总结起来，三个哲学家都各有贡献。詹姆斯主张靠得住的将来，是活动的，可以伸缩的，由我们自由创造的。所以，他的观点是彻底的自由主义，各人都可以自由创造一个将来的世界。这是詹姆斯的贡献。

柏格森的直觉，就是对自己创造的将来有一种新的感觉，这个感觉，绝不是推理计算可以得到，而在我们有一种信仰，往前奋进。这是柏格森的贡献。

罗素主张广大的、普通的、不偏于个人的知识，补救直觉的不足，使人类往前奋进时有一种指示。这是罗素的贡献。

编后记

本书共分成以下几个主要篇章：西方哲学；杜威讲演。前者是胡适的著作；后者是胡适的译作。胡适著书，系统的著作不多，西方哲学这部分，更是如此。胡适秉承“实验验证”“无证不信”的实用主义信条，本书正是抓住这条主线索得以成稿。祈望通过编者的工作，读者能流畅地阅读本书，并对胡适的哲学思想有一个清晰的印象。最后，本书的全部内容均取自胡适的专著及哲学散论随笔，其中关于人名、地名以及不符合现代汉语表达习惯的语句做了些许改动。总之，作品力求整体上保持作品的原貌，以便读者阅读到原汁原味的大师之作。